004 학지컴인사이트총서 |C|

광고의 예상을

Unexpected
Marketing-Effects of
Advertising

빗나간

김상용 · 차경천 · 송태호 · 김다연 공저

마케팅효과

학지사

기업은 광고를 왜 하는 것일까? 그 이유에 대한 답은 여러 선행연구가 체계적으로 잘 제시하고 있다. 대표적인 광고 유형에서 알 수 있듯이, 광고는 제품의 기능을 시장에 알려 주고, 브랜드의 인지도, 선호도 그리고 가치 등을 올리며, 시장에서 자사의 제품을 더 잘 팔리게 한다. 즉, 광고는 고객 및 잠재고객이 존재하는 시장과 소통하는 수단이다.

그런데 광고의 효과에 대한 선행연구들의 결과가 100% 일치하지는 않는다. 때로는 광고 효과가 없다는 연구도 심심치 않게 있다. 그리고 효과가 있기는 한데, 상식과 어긋나게 예상 밖의 효과가 나타나는 경우도 있다. 광고가 매출이나 주가 또는 기업 가치에는 긍정적인 효과가 약하거나 없다든지, 나의 광고가 나보다는 내 경쟁자를 더 이롭게 한다든지, 시각과 청각을 모두 활용하는 동영상 광고가 시각만을 이용하는 정적인 광고보다 효과가 못할 수 있다든지, 이런 것은 상식을 벗어나는 이야기이다. 이 책은 이러한 예상을 빗나간 광고의 세 가지의 역설적인 효과를 이론적으로 그리고 과학적으로 검증한 연구 결과를 정리하였다.

첫 번째 역설적 효과는 광고가 기업의 수익성과 가치에 긍정적인 영향이 없을 수 있다는 것이다. 광고의 마케팅효과는 제품에 대한 인지도, 선호도, 구매의도 등 소비자의 심리 및 행동에 긍정적인 영향을 미치는 것을 넘어서, 궁극적으로 기업의 수익성에도 긍정적인 영향을 미치는가에 관심의 초점을 맞춘다. 물론 광고의 효과는 제품에 따라서, 브랜드에 따라서, 그것이 어떤 기업의 제품인가에 따라서, 처해 있는 시장상황에 따라서 다르게 나타날 것이다. 이 책은 좀 더 거시적인 시각에서, 이런 효과가 어떤 조건에서 잘 나타나고 또는 덜 나타나는지에 대해서 데이터를 통해 검증한 연구 결과를 소개한다.

두 번째 역설적 효과는 광고의 경쟁자-기여 효과(Rival-Benefiting Effect)이다. 일반적으로 광고는 광고의 대상이 되는 브랜드에는 긍정적 효과를 주고, 그 경쟁 브랜드에게는 부정적 효과를 준다고 알려져 있다. 하지만 광고 실무 담당자에게는 다음과 같은 고민이 생기는 경우가 있다. '경쟁 브랜드까지 긍정적 효과를 주는 광고가 있을 수 있지 않을까? 있다면 왜 이런 현상이 일어날까?' 광고의 경쟁자-기여 효과는 이 현상의 존재를 실증적으로 밝히고 그 이유를 이론적으로 설명한다. 경쟁자-기여 효과는 광고 실무자들의 실무 경험에서 영감을 얻어

그 연구가 시작되었고, 여러 광고 효과 분석을 통해 그 존재가 입증되었으며, 현재 이 효과가 존재할 수 있는 조건 중 일부가 밝혀져 있다. 이 책에서는 이 효과를 설명하고 그 발생 조건과 마케팅 및 광고 관리자가 활용할 수 있는 방안을 소개한다.

세 번째 역설적 효과는 스마트폰 출현 이후에 급성장하고 있는 온라인 소셜미디어 광고에서 예상하지 못한 광고의 마케팅 효과이다. 온라인 매체는 광고의 표현 방식이나 타깃고객에 대한 접근에서 기존의 전통적인 광고매체인 TV 또는 신문과는 차이를 보이고 있다. 이는 온라인 매체를 적극 활용하고 커뮤니케이션하는 소셜미디어 광고는 지긋한 연령의 나의 고객과는 거리가 있으니, 나는 온라인, 소셜미디어 광고를 할 필요가 크지 않다는 상식이 틀릴 수 있음을 보여 준다. 또한 전통적인 연구 결과는 영상 광고가 그림 광고보다 고객의 구전 활동을 향상시키는 데 더 효과적이라고 한다. 그러나 이 책에서는 온라인, 소셜미디어 광고에 그대로 적용될 수 없는 조건을 제시한다.

구체적으로, 제1장에서는 제2, 3, 4장에 제시하는 연구 결과에 대한 독자들의 이해를 돕기 위해 광고의 효과에 대해서 광고의 재무적 효과 측정, 브랜드의 연상과 네트워크, 소셜미디어 광고의 특성 등을 마케팅 관점에서 간단하게 정리하였다. 제2장에서는 광고가 브랜드 애호도에 미치는 영향과 애호도가 기업성과에 미치는 영향이 산업군에 따라서는 발견되지 않음을 실증적으로 분석한 이은주 등(2016)의 연구를 소개한다. 제3장에서는 광고의 대상이 되는 브랜드에는 혜택을, 경쟁 브랜드에는 피해를 유발한다는 일반적인 상식이 적용되지 않는 경우를 광고 브랜드와 경쟁 브랜드의 시장에서의 상대적인 위치 또는 규모에 초점을 맞추어 설명하는 Song 등(2019)의 연구를 소개한다. 제4장에서는 중국 시장에서의 명품 브랜드의 소셜미디어 광고를 대상으로 하여, 광고의 효과가 광고의 시각적 구성 방식(visual type)과 광고 콘텐츠의 제시 방법(content type)에 따라 달라진다는 것과 그 광고의 파급효과를 보여 준 Gao 등(2019)의 연구를 소개한다.

COVID-19로 인해 우리는 여러모로 매우 어려운 여건 속에 있다. 그럼에도 불구하고, 학지사의 김진환 사장님과 최임배 부사장님 그리고 편집부의 임직원 여러분이 '학지컴인사이트 총서'로서 이 책이 세상의 빛을 볼 수 있게 힘써 주셨음에 감사드린다. 끝으로, 이 책을 준비하는 과정에서 Korea University Business School Research Grant (K2002431)가 도움이 되었다.

2021년 8월
저자 대표 김상용

차례

학지컴인사이트총서 004

광고의 예상을
빗나간 마케팅효과

김상용(고려대학교 경영학과 교수)

대한민국의 거의 모든 사람들이 '매우 좋음'을 표현할 때 사용하는 단어 중에 '따봉'이 있다. 이 포르투갈 단어는 오렌지주스 광고에서 대중들에게 처음 소개되었다. 그런데 흥미롭게도 이 단어를 광고에 사용한 그 브랜드의 당시 매출은 광고의 선풍적인 인기에 비하면 실망스럽게도 그다지 오르지 않았었다. 광고는 인구에 회자되고 유행어를 만들어 냈지만, 소비자들은 정작 그 브랜드의 제품을 구매하지 않았다는 것이다. 즉, 광고는 기억되는 정도나 호감 가는 정도에서는 나름 크게 성공했으나, 기대에 못 미치게, 매출로는 이어지지 않았다.

소비자들은 광고에서 유행어 그리고 그 제품의 카테고리가 오렌지주스인 것까지는 잘 기억하고 있었지만, 정작 구매를 하

[그림 1-1] 광고의 유행이 구매로 이어지지 않은 초기 따봉 광고
출처: https://www.youtube.com/watch?v=xiSn7k0yXE0

[그림 1-2] 브랜드를 알리는 데 중점을 두어 매출을 상승시킨 변경된 따봉 광고
출처: https://www.youtube.com/watch?v=xiSn7k0yXE0

려는 순간에 그 제품의 브랜드까지는 기억해 내지 못했던 것이
다. 그래서 결과적으로 오렌지주스 제품군의 매출은 전체적으
로 올랐으나, 따봉 브랜드의 그 제품의 매출은 예상 외로 크게
증가하지 않아 광고 효과를 제대로 보지 못했다.

이 회사는 '따봉'과 자신의 브랜드를 연결시키려는 노력으로 추가적인 비용을 더 써서, 후속광고 제작에서 제품을 중심으로 자신의 브랜드를 알리는 데 중점을 두었고, 그때부터 그 브랜드의 매출이 올라가는 광고효과를 봤다.

광고(advertising)는 마케팅(marketing)을 실행하는 변수들인 4Ps 중 촉진(Promotion)의 한 종류로 분류된다. 광고는 광고주, 고객, 광고대행사, 광고매체사 등 여러 당사자가 참여하여 교환(exchange), 즉 거래(transaction)를 이루는 과정에서 필요한 정보를 최종고객(final customers)에게 제공하고, 이들에게서 상품 구매(purchase)라는 보상을 받게 되는 복합순환적 교환과정을 이루게 하는 데 중요한 역할을 한다. 그러므로 마케팅은 기본적으로 정보를 중심으로 하는 기업과 소비자 사이의 교환 활동으로 광고를 보고 있다. 이런 의미에서 광고를 마케팅 커뮤니케이션(marketing communication)이라고 부르기도 한다.

이렇듯 광고는 상품에 관한 여러 가지 정보를 전달할 뿐 아니라, 직접적으로 판매를 촉진하는 것을 기본 기능으로 한다. 그렇기 때문에, 대부분의 기업에서 최고경영자나 경영진, 즉 광고주는 때로 광고를 담당한 마케팅 매니저와는 달리, 상품을 소개하거나 판매를 촉진하는 과정이 최종적으로 매출에 어떤 효과가 있는지에 관심이 더 크다. 그리고 더 나아가서는, 특히 광고주는 기업의 수익성 및 주가와 같은 가치에 궁극적으로 광고가 긍정적인 효과를 미치는지에 관심을 갖는 것이 일반적이다.

그렇다면 광고의 커뮤니케이션과 매출 그리고 재무적 성과 등을 논하기 앞서, 우리는 광고의 일반적인 기능을 마케팅 측면에서 먼저 이해할 필요가 있다. 사실, 광고가 반드시 매출 증대와 재무적 성과로 이어지지 못하는 경우도 드물지 않기 때문에, 광고의 일반적인 기능을 이해함이 전제되지 않는다면 광고는 무용지물이라는 억측에 도달할 수도 있는 위험이 있다. 커뮤니케이션에 초점을 맞춘 관점에서 광고가 어떤 기능을 하는지 간략히 살펴보자.

첫째, 광고는 소비자를 교육하는 기능이 있다. 특히 고객의 학습을 필요로 하는 새로운 상품의 광고나 사회적으로 바람직한 운동을 전개하는 광고에는 고객을 교육시키려는 목적이 뚜렷하다. 그래서 광고는 기업뿐 아니라 공공기관에서도 많이 사용되고 있어서, 금연, 금주, 헌혈, 사회적 거리 두기 등과 같은 사회캠페인을 위해 광고가 활용되기도 한다.

둘째, 광고는 상품의 가치를 증가시키는 기능을 한다. 상품의 중요한 가치 중 하나가 브랜드이다. 광고는 소비자가 느끼는 브랜드에 관련된 상징적인 가치를 높여 주는 데 중요한 역할을 담당하고 있다.

셋째, 광고는 특히 거대한 조직 또는 대규모 기업의 구성원에게 직접적으로 그리고 광범위하게 정보를 전달하는 내부마케팅(internal marketing) 기능을 수행한다. 조직이 거대할수록, 분업화된 직장환경에서 내부 구성원은 자신이 맡은 일 이외에는 자신이 몸담고 있는 기업이 어떤 일을 하는지 잘 모르는 경우가 많다. 이럴 때, 매체에 나타나는 광고를 통해서 정보가 파급되고 애사심이 향상되어 조직이 활성화되는 효과가 있다.

넷째, 광고는 소비자를 상점으로 끌어들이고 광고한 특정 브랜드를 찾게 만드는 끌어당기는 마케팅(pull marketing) 효과가 있어서, 유통 측면에서 그 상품이 소매점에 입점 되어 판로를 확보하는 데 도움을 주는 기능을 한다.

〈표 1-1〉 광고의 커뮤니케이션 기능

광고의 커뮤니케이션 기능	
소비자 교육	브랜드 가치 증대
내부 마케팅	끌어당기는 마케팅(pull marketing)

이밖에도 광고의 기능은 마케팅 커뮤니케이션 측면에서 여럿 존재하는데, 이에 대해서 더 궁금한 독자는 여러 광고론 교재(예를 들어, 장대련, 한민희, 2000)를 참고하기 바란다. 다시 말해서, 광고의 효과는 마케팅, 경제, 사회, 문화 측면에서 매우 광범위하기 때문에 기업의 경영진이 궁극적으로 광고로 인해서 매출이 증가하지 않는다고 하여 광고에 헛돈을 썼다고 생각한다면 이는 매우 근시안적인 관점에 머물러 있는 것이라 할 수 있다.

이런 관점에서 이 책은 광고의 일반적인 기능을 전제로 한 상태에서, 보다 이론적으로 그리고 과학적으로 광고의 효과에 접근하여, 때로는 우리가 갖는 상식과는 맞지 않는 경우에 주목한다. 즉, 광고가 재무적 지표를 향상시키는 효과가 항상 있는 것은 아니라는 것 그리고 때로는 예상하지 못한 효과를 볼 수 있음을 보여 주고자 한다.

광고의 **재무적 효과**

기업의 광고 활동과 재무성과 간의 관계가 긍정적일 것이라는 우리의 상식적인 믿음을 뒷받침해 주는 실증적 연구들의 결과는 불행히도 혼재되어 있다. Abdel-Khalik(1975), Hirschey와 Weygandt(1985), 육근효(2003), 백원선과 전성일(2004), 정혜영과 조성인(2004), 정군오, 장원경, 김연용(2005), 허화, 이정길, 김영갑(2007)은 광고가 기업 성과에 긍정적인 영향을 주는 것을 보여 주는 반면, Picconi(1977), Bublitz와 Ettredge(1989), 정기식과 이정길(1996), Ye와 Finn(1999)은 광고가 기업 성과에 주는 영향이 통계적으로 유의하지 않다는 실망스런 결과를 보여 준다. 이렇게 광고의 긍정적 효과와 그렇지 못한 효과가 혼재된 연구 결과는 연구별로 각기 사용하는 지표와 대상 국가, 분석방법이 다른 데에서 기인한 것일 수도 있다.

광고 효과의 측정

광고 효과 측정의 기간은 단기, 중기, 장기로 나누어질 수 있다(Mela, Gupta, & Lehmann, 1997). 단기 효과는 광고 직후 몇 주 안에 나타나는 단기적 판매 개선 효과로 볼 수 있으며, 중기 효과는 수주, 수개월 혹은 분기별로 나타나는 광고 효과를, 장기 효과는 수년 혹은 그 이상 기간 동안에 광고가 축적되어 마케팅 및 재무성과에 미치는 효과로 이월 효과(carryover effect)가 주요하게 작용하는 경우이다. 개별 기업이 광고 효과를 볼 때는 주로 중·단기 효과에 초점을 맞추고 있을 수밖에 없으나, 국가와 같은 거시 시장 단위의 데이터에서 광고의 효과를 보는 경우에는 장기적 효과를 측정할 수 있다.

광고는 소비자를 설득하고(서상희, 윤각, 2010) 공감도를 높인다고(김항중, 남승규, 2014) 알려져 있다. 광고는 소비경험에 대한 기대설정과 사후평가에 영향을 줌으로써 고객만족(customer satisfaction)에 영향을 끼칠 수 있다. 성공적으로 실행된 광고는 기업에게 시장선점의 이점을 제공하는 효과(Comanor & Wilson, 1967; Comanor & Wilson, 1979; Bagwell, 2007) 외에도 기업의 무형자산인 브랜드 자산 형성(Barth, Clement, Foster, & Kasznik, 1998)과 기업의 시장가치 향상(Conchar, Crask, & Zinkhan, 2005)에 긍정적인 영향을 준다는 결과가 있다. 브랜드 자산(brand equity)은 대표적인 기업의 무형자산으로 기업의 상품(서비스)

이 특정 브랜드 이름(상징물)으로 연상됨으로써 기업에게 더 높은 수익과 판매를 가져오는 무형적 가치를 말한다(Aaker, 1992). 이러한 브랜드 자산은 광고를 포함한 마케팅 활동과 기업 성과의 매개적(intermediate) 자산으로서의 성격이 강하다(Ramaswami, Srivastava, & Bhargava, 2009). 또한 기업의 브랜드 자산은 신규 기업의 시장진출을 막음으로써 시장 내 경쟁을 낮추고, 제품 차별화에 기여하며 소비자의 기꺼이 지불하고자 하는 가격(willingness to pay)을 높이는 효과를 통해 기업의 재무적 성과를 향상시킨다(Peterson & Jeong, 2010). 또한 투자자들은 강한 브랜드를 가진 기업의 시장가치를 그렇지 않은 기업보다 월등히 높이 평가한다고(Madden, Fehle, & Fornier, 2006) 알려져 있다.

〈표 1-2〉 광고의 마케팅효과

광고의 마케팅 효과	
단기	제품 출시에 따른 호기심과 관심 유발 및 인지도 형성
중기	이미지 포지셔닝을 통한 브랜드 자산가치 제고
장기	브랜드 충성도 구축으로 소비자 가격탄력성 둔화, 수익성 향상

광고비 책정과 집행을 결정하는 기업 경영자들의 관심은 광고가 얼마나 소비자의 구매선택에 영향을 주어 기업 차원의 성과로 이어지느냐에 있다고 할 수 있다. 그러나 국내 광고 연구는 주로 광고인지도, 광고 TOM(Top Of Mind) 등과 같이 소비자

의 인지적 반응을 측정하는 것에 집중되어 왔다(양윤, 민재연, 2004; 박현수, 박해원, 2005; 고한준, 2010; 윤재웅, 박현수, 2015; 홍재욱, 2000). 기업 차원의 성과로서 보다 정확한 이해를 위해서는, 광고의 효과를 총체적으로 살펴보는 것이 필요하다. 예를 들어, 기업은 광고비를 집행할 때 수익성의 직접적 감소를 우려한다. 따라서 경제상황이 좋지 않을 경우 기업은 광고비를 우선하여 줄인다. 그러나 광고가 고객만족 관련 지표에 긍정적 효과가 있고 고객만족 지표들이 수익성에 긍정적 효과가 있다면, 기업은 광고비가 수익성을 줄이는 비용이라는 인식을 재고해야 할 것이다.

마케팅 성과 지표: 브랜드 애호도

스마트폰 등 통신매체의 보급이 늘어나고, 블로그, 소셜미디어 등의 접속이 일상화됨으로써 소비자 개인의 (불)만족이 기업에게 주는 영향이 커졌다. 기업이 고객만족을 높이면 브랜드 애호도가 높아져 신규 고객을 유치하는 비용을 감소시키고(Fornell, 1992), 수익을 증가시키며(Anderson, Fornell & Rust, 1997; Yeung, Ging, & Ennew, 2002), 기업의 시장가치를 증가시킨다(Anderson, Fornell, & Mazvancheryl, 2004; Luo & Bhattacharya, 2006; 이유재, 이청림, 2007)고 알려져 있다.

기업경영에 고객만족의 중요성이 높아지면서 우리나라뿐

만 아니라 해외 주요국가에서는 매년 고객만족도가 조사되고 그 결과가 발표되고 있다. 가장 대표적인 고객만족도 지수로는 미국의 ACSI(American Customer Satisfaction Index)를 들 수 있다. 국내 기업에 대한 고객만족도 지수로는 한국생산성본부의 NCSI(National Customer Satisfaction Index)와 한국능률협회의 KCSI(Korea Customer Satisfaction Index)를 들 수 있다. 이와 같은 고객만족도 지수는 조사대상기업을 객관적으로 평가해 그 결과를 발표한다는 측면에서 새로운 성과지표로 인식되기 시작했다(라선아, 이유재, 2015). 예를 들어, NCSI는 미국의 ACSI 모형을 도입한 것으로 고객만족의 세부지표(소비자의 기대수준과 인지품질, 인지가치, 불만족과 결과요인인 브랜드 애호도)를 조사하여 고객만족지수를 추정한다. 측정된 값은 100점 만점으

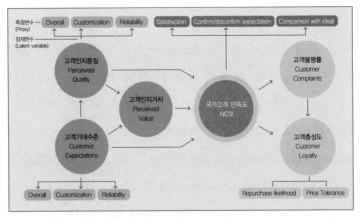

[그림 1-3] NCSI의 평가모델 개념도

출처: 한국생산성본부 홈페이지(https://www.ncsi.or.kr/score/ncsi_score.asp)

로 변환하여 발표하고 있다. 조사는 국내 소비재 업종시장의 약 60%를 구성하는 주요 기업들에 대해서 약 80,000명(2013년 기준)의 소비자들을 대상으로 실시하고 있다. 따라서 NCSI를 마케팅 성과지표로 선택하여 연구함에 무리가 없다고 할 수 있다.

재무적 성과지표

재무적 성과지표로 수익성과 기업가치를 꼽을 수 있는데, 수익성은 기업의 과거 성과를 기초로 평가되는 반면, 기업가치는 기업의 미래 예측되는 성과를 반영한다는 측면에서 둘 사이에 차이가 있다. 실제로 이러한 재무적 성과지표는 지표마다 가지는 특성으로 인하여 수익성에도 여러 가지 지표가 있다. 또한 일부 지표는 주가를 이용하여 계산되어, 주식시장에 상장한 기업에게만 제공되는 지표도 있다.

수익성: 총자산수익률(ROA)과 자기자본수익률(ROE)

총자산수익률

총자산수익률(Return on Assets: ROA)은 당기순이익을 당기 총자산과 전기총자산의 평균으로 나눈 값이다. 즉, ROA=(당기순이익/총자산)×100으로 계산되고, 총자산이란 부채와 자본의

합이다. 광고가 총자산수익률에 주는 영향을 분석한 연구들은 양(+)의 영향(Eng & Keh, 2007)과 음(−)의 영향(이지혜, 전봉걸, 2011)으로 혼재되어 있다. 특히 이지혜와 전봉걸(2011)은 국내 기업 광고비와 ROA는 음(−)의 관계가 있다는 결과를 보여 주었다. 그러니까 상식과는 반대로, 광고비를 더 많이 쓸수록 총자산수익률이 떨어진다는 것이다.

자기자본수익률

자기자본수익률(Return on Equity: ROE)은 당기순이익을 기초 자기자본과 기말 자기자본의 평균으로 나눈 값이다. 총자산수익률은 자기자본과 타인자본(부채) 모두를 포함한 기업 전체 투자액 관점에서의 수익성을 나타내는 반면, 자기자본수익률은 주주의 몫인 자기자본만의 투자액 관점에서의 수익성을 나타낸다. 즉, ROE는 (당기순이익/총자본)×100으로 계산되고, 총자본은 자산에서 부채를 뺀 값이다. 참고로 ROA에 (1+부채비율)을 곱하면 ROE가 된다. 연구자마다 분석에 사용하는 수익성 지표는 항상 동일하지 않고, 다양한 지표를 함께 고려한다. 각 지표가 가지는 특성이 다르기 때문이다. 자기자본이 거의 없는 기업이 과도하게 투자를 한다면, 약간의 수익이 발생하더라도 ROE가 높게 왜곡되어 나타날 수 있기 때문에 ROA, ROE 등 다양한 지표를 연구의 대상으로 삼을 필요가 있다.

01 광고의 마케팅효과

시장가치

기업의 시장가치는 주식시장에서 평가된 해당기업 주식의 가치를 의미한다. 기업의 시장가치는 미래에 기대되는 현금흐름의 현재가치에 기반하여 평가되며(Rappaport, 1986), 기업의 장부가치와 시장가치 간의 차이는 기업의 성장잠재력과 관련되어 있다(Srivastava, Shervani, & Fahey, 1998). 기업의 시장가치는 특정 시점에 투자자들이 접근 가능한 기업정보가 반영되어 변화한다(Fama, 1970).

이 책에서는 시장가치 지표로 토빈의 큐(Tobin's q)를 활용하였다. 토빈의 큐는 기업 자산에 대한 시장가치를 대체원가로 나눈 값이다. 토빈의 큐가 1보다 큰 기업은 경쟁력 있는 브랜드 이미지를 보유하고 있거나(Krasnikov, Mishra, & Orozco, 2009) 특허, 지적재산권(Lindenberg & Ross, 1981) 등과 같은 무형적 자산을 가지고 있는 기업이다. 토빈의 큐는 마케팅 연구에서 기업의 시장가치를 나타내는 지표로 자주 활용되고 있다 (Anderson, Fornell, & Mazvancheryl, 2004; Lee & Grewal, 2004; Luo & Bhattacharya, 2006; Torres & Tribó, 2011). 우리나라의 경우, 하이테크 업종과 같이 성장성이 높은 산업이 광고와 기업가치 간의 관련성이 크다(곽수근, 송혁준, 2003)고 알려져 있다.

다른 성과지표와 비교할 때, 토빈의 큐는 세 가지 특징을 가진다(Lee & Grewal, 2004). 첫째, 기업의 미래 현금흐름이 반영된 주식 가격을 활용해 산출된 토빈의 큐는 기업의 과거 성과치를 나타내는 매출액, ROA와 같은 성과지표에 비해 기업의 성장 가능성을 반영한 미래지향적 지표라고 할 수 있다. 둘째, 토빈의 큐는 기업의 시장가치를 활용하여 산출된 지표이기 때문에 재무제표에 반영되지 않은 무형자산 가치가 포함되어 있어 미래의 기업성과 측정에 적합하다. 셋째, 토빈의 큐는 산업별로 차이가 있을 수 있는 회계관습이나 원칙에 영향을 받지 않는 주식 가격을 활용하여 산출하기 때문에 여러 산업에 걸쳐서 있는 기업을 비교할 때 유용하다.

광고의 경쟁자-기여 효과

광고가 단기적으로는 광고하는 브랜드의 인지도나 선호도를 향상시켜 주고, 장기적으로는 매출, 더 나아가서는 재무적 성과에도 긍정적 영향을 미치는 것은 앞서 언급한 내용들로 볼 때 당연한 상식이라 생각된다. 만약에 내가 광고를 한 덕분에 나의 경쟁자가 덕을 본다면 내 입장에서는 당황스러울 것이다. 그런데 이런 기대하지 못했던 결과가 현실에서는 심심치 않게 나타나는 것 같다. 특히 내 광고 덕분에 내 경쟁자가 이득을 보는 현상을 광고의 경쟁자-기여 효과(rival-benefiting effect of advertising)라고 부르는데, 어떤 브랜드의 광고로 인해 오히려 경쟁하는 브랜드의 선호도와 소비자들의 구매 태도가 향상되는 현상이 일어나게 된다. 분명 이런 상황은 광고주 입장에서는 딜레마 현상(dilemmatic phenomenon)이다. 광고를 안 할 수는 없는 것인데, 광고를 하면 나보다 내 경쟁자가 광고 효과를 보니, 어찌함이 좋단 말인가?

이진원, 송태호, 김상용(2010)에서 제시한 경쟁자-기여 효과의 가상적인 예를 보자.

> Tom은 TV에서 펩시의 광고를 보게 되었다. 펩시의 로고가 새겨진 캔(can) 또는 유리병(bottle)으로부터 이 액체를 벌컥벌컥 마셨을 때 광고 속의 사람들은 세상 근심과 걱정 없이 행복해 보였다. 거품이 많고 투명함이 섞인 짙은 갈색 액체 속에서 솟아오르는 기포는 마치 사람들을 상쾌하게(refresh) 만들어 주는 마법의 주문처럼 보였다. 그 광고는 Tom에게 분명히 영향을 끼쳤나 보다. Tom은 쇼핑을 갔을 때 음료 코너에서 콜라를 찾았으니 효과가 있었나 보다.
>
> 그런데 아뿔싸, 그가 'Coke'를 집어 들었다!

상기의 가상적인 사례는 마케팅 투자와 노력의 효과 측면에서 광고의 효과를 다시 고려할 필요가 있다. 이 예는 마케터는 경쟁사에 대한 잠재적 편익을 최소화하고 회사의 편익을 극대화하기 위해서는 광고의 경쟁자-기여 효과를 또한 동시에 고려해야 한다는 점을 시사하고 있다.

연관 네트워크 모델과 브랜드 연상

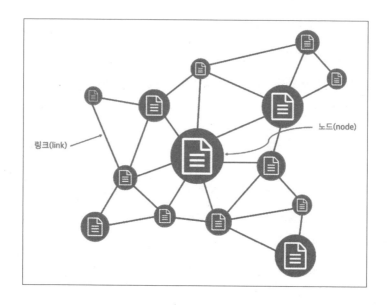

광고의 경쟁자-기여 효과는 기억 구조 개념화 중 하나인 '연관 네트워크(기억) 모델'(Anderson, 1983; Collins & Loftus, 1975; Srull & Wyer, 1989)을 기반으로 한다. 이 모델은 지식 또는 의미 기억(semantic memory)은 노드와 링크의 집합으로 구성되는 것을 가정한다. 노드는 저장된 정보를 나타내며 서로 링크로 연결된다. 이러한 링크를 통해 노드는 관련 노드의 활성화(인출) 소스가 될 수 있다(Collins & Loftus, 1975; Raaijmakers & Shiffrin, 1981; Ratcliff & McKoon, 1988).

연관 네트워크 모델을 광고와 브랜드 맥락에 적용하면, 브랜드 지식은 기억 속의 브랜드 노드로 구성된 것으로 개념화된다. 브랜드 연상(brand association)은 광고가 초점을 맞춘 브랜드(focal brand)의 브랜드 노드에 대한 상기 또는 인출 단서로 인한 정보 노드의 활성화로 가능해진다(Keller, 1993; Tulving & Psotka, 1971). 브랜드 연상이 많을수록 브랜드 노드로 확산될 수 있는 인출 단서 수가 더 많다는 것을 의미한다. 인코딩 가변성 이론에 대한 연구에 따르면 정보에 연관된 단서 수가 많을수록 정보가 활성화되거나 액세스될 가능성이 더 크다는 것을 보여 준다(D'Agostino & DeRemer, 1973; Shimmerlik, 1978; Unnava & Burnkrant, 1991). 선행연구의 결과를 브랜드 연상 맥락(brand association context)에 적용하면 브랜드 연상 수가 더 많은 브랜드는 브랜드 연상이 브랜드를 활성화할 확률이 더 높다는 것을 알 수 있다.

비대칭적 브랜드 연상과 광고의 경쟁자-기여 효과

광고가 초점을 맞춘 브랜드의 노드와 경쟁자 브랜드 노드는 서로 브랜드 연상을 갖게 되는데, 이 연상의 수는 일반적으로 초점브랜드와 경쟁자 브랜드 간에 동일 또는 유사하며, 이들 간의 확산 활성화가 대칭적으로 이루어지는 것을 가정한다. 그런데 이진원, 송태호, 김상용(2010)은 만일 연상의 수가 초점브랜드와 경쟁 브랜드 간에 동일하지 않은 경우를 주목하고,

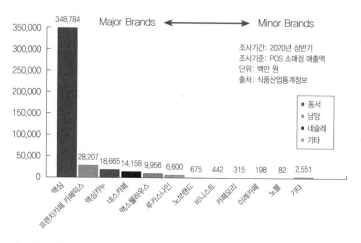

[그림 1-4] 2020 상반기 믹스커피 브랜드별 매출과 major or minor brand

브랜드의 지위에 초점을 맞춘다. 브랜드 지위는 브랜드가 상 대적으로 메이저 브랜드(major brand)인지 또는 마이너 브랜드 (minor brand)인지를 나타낸다. 예를 들어, 시장 점유율이 높은 브랜드를 메이저 브랜드(major brand), 그렇지 못한 브랜드를 마이너 브랜드(minor brand)로 분류할 수 있다.

[그림 1-4]의 2020년 상반기 믹스커피 브랜드별 매출과 시장 점유율을 살펴보면, '동서식품'의 브랜드 '맥심'은 믹스커피 시 장 내에서 압도적 우위를 보이며 메이저 브랜드(major brand) 의 자리를 점하고 있다. 식품산업통계정보의 2020년 상반기 믹 스커피 소매점 매출액은 총 4,306억 원 규모이고 이 중 '맥심'의 매출액은 3,488억 원이며 시장 점유율은 81.0%에 달한다. 즉, 믹스커피 시장에서 브랜드 '맥심'은 다른 브랜드에 비해 상대적

01 광고의 마케팅효과

으로 메이저 브랜드의 지위를 갖는다.

시장 점유율이 높을수록 소비자는 브랜드 관련 경험을 더 많이 하게 된다. 이러한 관점에서 볼 때, 소비자는 평균적으로 마이너 브랜드보다 메이저 브랜드에 대해 더 많은 브랜드 경험을 축적했을 가능성이 높다. 소비자가 메이저 브랜드에 더 많은 브랜드 경험을 축적했다는 증거는 소셜미디어 분석 결과에서도 나타난다.

〈기사〉

동서식품 '맥심' 적수가 없다… 점유율 90%, 해마다 상승

〈전략〉……

2017년 1월부터 2020년 9월까지 인스타그램에서 믹스커피 각 브랜드가 언급된 게시물은 총 6만 956건이 수집됐다. 이중 맥심·카누 등 동서의 브랜드와 관련된 게시물은 5만 1,588건으로 84.6%를 차지했다. 사실상 믹스커피의 언급량(게시물 수) 곡선은 동서 브랜드 언급량 곡선에 의해 좌우되고 있다. 인스타그램은 SNS채널 중 사진을 중심으로 게시물을 올릴 수 있어, 주로 후기성 게시물이 많은 비중을 차지하고 있다.

동서 및 관련 브랜드 곡선(진한 선)은 2018년 11월 카카오프렌즈 에디션 한정판이 출시됐을 때와 2019년 11월 키티버티포니 콜라보 굿즈, 최근인 2020년 9월에는 홈캠핑 굿즈 이벤트가 이슈가 되며 믹스커피 전체 곡선을 견인했다. 특히 코로나가 한창이던 지난 3월에는 집에서 만들어 먹는 '달고나커피' 레시피가 유행하며 언급량도 최고점을 갱신했다.

……〈하략〉

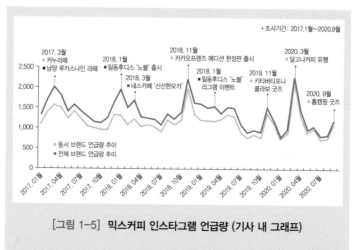

[그림 1-5] **믹스커피 인스타그램 언급량 (기사 내 그래프)**

http://www.meconomynews.com/news/articleView.html?idxno=46595

〈정연수 기자, 시장경제(2020. 10. 26.)〉

　　브랜드 관련 경험에 대한 소비자의 지식이나 기억은 노드 형태로 저장되며 브랜드 노드와 연결된 단서 역할을 한다. 따라서 브랜드에 대한 경험이 많을수록 접근 가능한 브랜드 연관성이 더욱 많아지고(Oakenfull & McCarthy, 2010) 주요 경쟁 브랜드가 메이저 브랜드이고 광고의 초점브랜드가 마이너 브랜드일 경우에는 전자가 후자보다 더 많은 인출 검색 단서(즉, 더 많은 수의 브랜드 연관성)를 가질 가능성이 높을 수 있음에 주목한다면, 광고의 경쟁자-기여 효과를 논리적으로 유추할 수 있게 된다. 그리고 광고의 경쟁자-기여 효과 강도는 경쟁 브랜드가 메이저 브랜드일 때 더 커질 것으로 예상된다.

그러나 이러한 추론은 다음과 같은 이유로 보다 더 신중한 조사가 필요하다(참고로, 이 책의 제3장에서 이러한 심도 있는 조사 결과를 소개한다). 브랜드 연상으로 인하여 브랜드에 대한 기억 인출이 잘되고 그래서 브랜드 인지도에 긍정적인 영향을 미치는 것은 사실이나, 이것이 소비자의 구매의도 또는 실제 구매로 연결시키는 것을 의미하지는 않는다. 그러므로 광고의 경쟁자-기여 효과가 실제로 나타나는지는 검증할 필요가 있다는 것이다.

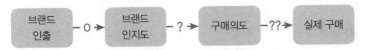

[그림 1-6] 브랜드 인출이 실제 구매로 이어지는가?

이러한 문제와 관련하여 Fitzsimons와 Morwitz(1996)의 연구 결과는 유용한 시사점을 제공한다. 그들은 자동차 브랜드의 현재 소유자에게 자동차 구매의도(즉, 관련 브랜드를 활성화할 수 있는 외부 단서가 제공됨)에 대해 물어보면 동일한 자동차 브랜드를 재구매할 가능성이 높아진다는 사실을 발견했다. 반대로, 같은 질문을 받은 비소유자는 질문을 받지 않은 사람들에 비해 시장 점유율이 큰 브랜드를 구입할 가능성이 더 높음을 발견한다. 이러한 결과는 위에서 제기한 문제와 관련하여 중요한 시사점을 제공한다. 특정 브랜드의 현재 소유주는 해당 브랜드에 대해 더 많은 지식과 경험을 축적하여 더 많은 브랜드 연상을 이끌어 냈음에 따라 해당 브랜드를 마음속에서 활성화하기 더 쉬웠을 것이다. 특정 자동차 브랜드를 실제로 운전해 본 경험이 부족할 가능성이 높았던 비소유주 입장에서는 시장 점유율이 큰 브랜드가 마음속에서 활성화되기 쉬웠을 것이다.

따라서 이는 소비자에게 소비와 관련된 외부 단서가 주어질 때, 관련 브랜드가 소비자의 마음속에서 활성화된다는 것을 시사하며, 활성화되기 쉬운 브랜드는 구매가 더 많이 증가할 가능성이 높아진다는 것이다. 광고의 경쟁자-기여 효과 맥락에서 마이너 브랜드인 초점브랜드의 광고가 주어질 때(즉, 외부 단서가 제공될 때) 주요 경쟁 브랜드가 메이저 브랜드인 경우에는 역으로 경쟁 브랜드의 구매가 더 많이 증가하게 된다. 즉, 구매 측면에서 광고로 인한 더 강력한 경쟁자-기여 효과를 얻게 된다.

〈기사〉
가장 비싼 광고- 미국 NFL Super Bowl

"올 슈퍼볼 광고비용 500만 달러"

오는 2월 4일(일) 미네소타주 미니애폴리스에서 펼쳐지는 미 프로풋볼 (NFL) 결승전인 '제52회 슈퍼볼(super bowl)' 중계방송 도중 방영되는 30초짜리 TV 광고가 편당 500만 달러에 달하는 것으로 나타났다. 이처럼 비싼 가격에도 불구하고 슈퍼볼 광고는 예약이 거의 다 찼으며 10편 정도만 남은 것으로 알려졌다.

올해 슈퍼볼을 생중계하는 NBC 방송(LA지역 채널 4)은 슈퍼볼 광고판매를 통해 약 5억 달러의 광고 수익을 올릴 것으로 예상한다고 밝혔다. NBC가 슈퍼볼을 생중계했던 지난 2015년에는 30초짜리 광고가 450만 달러였다.

슈퍼볼의 TV 시청자는 2010년 이후 최소 1억 600만 명 이상을 기록하고 있다. 지난해 보스턴을 기반으로 하는 뉴잉글랜드 패트리어츠가 애틀랜타 팰컨스를 상대로 기적적인 역전승을 거두는 모습을 1억 1,130만 명이 TV를 통해 지켜봐 슈퍼볼 시청률 역대 5위를 기록했다. 슈퍼볼은 단일 프로그램으로는 미국에서 최고 시청률을 기록하기 때문에 광고주 입장에서는 절대 놓칠 수 없는 홍보기회이다. 슈퍼볼은 야구, 농구, 아이스하키 등 다른 팀 스포츠를 압도하는 인기를 자랑한다. TV 생중계 도중 방영되는 광고의 비용이 상상을 초월한다.

http://www.koreatimes.com/article/1098602

〈박수정 기자, 한국일보(2018. 1. 15.)〉

소셜미디어 광고

기업들은 무수히 많은 형태의 다양한 매체를 활용한 마케팅으로 고객을 확보하고자 한다(Neslin & Shankar, 2009). 이때 어떤 매체 또는 미디어에서 어떤 방법으로 마케팅을 할 것인지 등을 선택하게 되는 기업의 미디어 전략은 그 차이에 따라서 기업 각각에게 매우 다른 결과를 가져다준다. 때문에 기업의 예산 제약을 고려하여, 적합한 미디어 전략을 세우는 것은 경영자들에게 매우 중요한 문제이다. 특히 오늘날의 시장에서는 전통적 시장에서와는 다르게 소셜미디어 플랫폼을 포함한 뉴미디어 채널이 주요 마케팅 미디어로 떠오르며 미디어 전략 수립을 위한 지형이 크게 바뀌었다. 이러한 변화를 고려할 때, 소셜미디어라는 창구를 통한 마케팅에서 특히 광고가 소비자들에게 어떠한 영향을 미치는지를 이해하는 것이 매우 중요해졌다.

기존의 많은 연구는 실무적 측면에서 소셜미디어의 중요성

〈표 1-3〉 광고매체별 장단점

광고매체	장점	단점
디지털, 모바일, 소셜미디어	선별적 노출에 적합, 저비용, 소비자와 긴밀한 접촉 가능	소비자의 콘텐츠 노출에 대한 지배력/통제력 큼
TV	대중마케팅에 적합, 시청각 등 활용	고비용, 선별적 노출 어려움
신문	지역시장 커버에 적합, 신뢰도 높음	짧게 지속, 소비자 간 전파력 약함
직접 우편물	소비자 직접 선택적 접촉, 동일매체에 경쟁제품 없음	'junk mail' 취급당함
잡지	지리적·인구통계적으로 타깃팅 용이, 긴 지속시간	광고에서 구매까지 상대적으로 긴 시간
라디오	지역별 타깃 용이, TV 대비 저비용	청각만을 활용하기에, 그냥 듣고 지나칠 수 있음
옥외광고	저비용, 위치에 따라서 높은 반복적 노출도 가능	소비자 선별적 노출 불가능, 크리에이티브 표현 어려움

을 강조하고 있다. 그중 대다수의 연구들은 소셜미디어 광고가 브랜드의 평판과 이미지에 큰 영향을 미칠 수 있다고 설명한다 (Kim & Ko, 2012; Whitelock, Cadogan, Okazaki, & Taylor, 2013). 예를 들어, Kulkarni, Kannan 그리고 Moe(2011)는 소셜미디어를 통한 고객의 검색 행동에 대한 연구를 시행할 경우, 영화산업에서의 신작 판매 예측력을 향상시킬 수 있다는 설득력 있는 증거를 제시했다. 나아가 이들은 고객이 소셜미디어에서 온라인 검색을 하게 되는 이유를 연구하는 것이 신제품 판매 예측을 할 수 있을 뿐만 아니라 고객이 검색한 데이터로 구매자 특성을 어떻게 설명할 수 있는지 이해하는 데 도움을 줄 수 있다고 제안한다. 따라서 소셜미디어와 온라인 검색의 중요성을 바탕으로 하여, 소셜미디어 광고와 온라인 검색의 연관성을 연구할 필요가 있다.

그런데 여러 산업 중 명품 업계를 살펴보면, 고객 대부분이 오프라인 매장을 사용하는 경향이 있다. 이러한 특징을 보았을 때 명품 브랜드의 경우 온라인 검색과의 연관성이 낮다고 판단할 수 있다. 또한 명품 브랜드의 경우 오랫동안 강력한 브랜드 자산과 충성도가 높은 고객층에 의존하고 있기 때문에 소셜미디어를 광고를 위한 주요 미디어로 사용해 오지 않았다는 특징도 있다(Kim & Ko, 2012). 이는 소셜미디어가 오히려 명품 브랜드의 안정적인 고객 기반인 브랜드 자산을 훼손할 수 있다는 것을 뜻한다.

그러나 기존 연구에서 말하는 이러한 불안 요소가 있음에도 불구하고, 최근 명품 브랜드들은 고객들에게 브랜드 인지도를 높이기 위한 전략적 마케팅 채널 중 하나로 소셜미디어를 채택하고 있다. 오히려 전과 달리 명품 브랜드들은 브랜드 자산을 구성하기 위한 수단이자 고객과의 효과적인 커뮤니케이션을 위한 채널로 소셜미디어를 적극 활용하고 있는 추세이다. 이와 같은 명품 브랜드의 소셜미디어 광고의 증가라는 시장의 변화를 고려하여, 명품 브랜드의 소셜미디어 광고 효과에 대한 정량적 분석이 요구되고 있다. 뿐만 아니라 소셜미디어 광고가 소셜미디어를 통한 고객의 브랜드 검색에 어떠한 영향을 주는지 장기적인 영향을 파악함으로써, 소셜미디어 광고의 효과적인 실행을 위한 요소가 무엇인지 모색해야 할 필요가 있다.

이에 제4장에서는 명품 브랜드의 소셜미디어 광고와 이로 인해 고객들이 브랜드를 향해 갖는 관심 간의 관계를 조사하고자 한다. 구체적으로는, 명품 시장에서의 소셜미디어 광고 규모를 점점 키워 가고 있는 중국의 소셜미디어 사이트 'Sina Weibo'의 데이터를 활용하였다. 그리하여 명품 브랜드에 대한 소셜미디어 광고와 이에 대한 고객의 관심 간 관계는 어떠한지, 소셜미디어 광고를 시각적 유형(사진 혹은 영상 광고)과 콘텐츠 유형(웹사이트 링크 혹은 해시태그) 중 어떤 유형으로 제시할 때 더욱 효과적인지, 소셜미디어 광고가 소셜 검색에 미치는 장기적 영향을 시계열 모형(time-series model)으로 추정해 본다.

소셜미디어 마케팅의 효과

소셜미디어를 활용한 마케팅의 효과에 대해서는 수년간 폭넓게 논의되어 왔다. 특히 소셜미디어 마케팅이 기업의 각종 성과에 크게 기여한다는 연구 결과는 수십 건에 이른다. 대표적인 연구들을 살펴보면, Kim과 Ko(2012)는 소셜미디어 마케팅이 고객 관계와 구매의도에 영향을 미친다는 점을 입증하였다. 이들 연구는 소셜미디어의 활용이 기업과 고객 관계(즉, 친밀감과 신뢰)와 구매의도에 상당한 긍정적 효과가 있다는 점을 밝혀냈다. Erdoğmuş와 Cicek(2012)는 브랜드가 소셜미디어 광고를 통해 흥미로운 콘텐츠와 이로운 캠페인을 고객에게 제공할 때, 브랜드에 대한 충성도 및 태도가 향상된다는 것을 보여주었다. Fisher(2009)의 연구 또한 소셜미디어 마케팅의 중요성을 강조하였으며, 나아가 기업의 소셜미디어 마케팅 활동에 대한 실제 투자수익률(ROI) 계산을 위한 여러 가지의 고려사항을 제시하기도 하였다.

특히 소비자 관점에서 볼 때, 소셜 검색(social search)을 통해 취득한 정보는 다른 채널을 통해 검색하여 얻은 정보보다 믿을 만한 정보라고 받아들이는 경향이 있다. Chung과 Austria(2010)에 의하면, 소비자들은 전통적 매체를 통해 얻은 메시지보다 동료 추천(peer recommendations)이나 고객 리뷰와 같은 형태로 취합할 수 있는 소셜미디어 사용자가 생성한 메시지를 더욱 신뢰하는 경향이 있다고 언급했다. Morris, Teevan과 Panovich(2010)의 연구에서는 소셜 검색(social search)을 "온라인으로 정보를 찾기 위한 사회적 메커니즘의 활용"이라고 정의하였다. 기존의 여러 연구와 실제 시장의 변화를 고려해 볼 때, 오늘날의 소셜미디어 마케팅은 고객에게 긍정적으로 받아들여지고 있으며, 시장에서의 활용도 또한 높아졌다.

명품 브랜드와 소셜미디어

명품 브랜드(luxury brands)에 대한 개념은 연구마다 다양하게 정의하고 있다. 명품(luxury)이라는 개념에 대해 정의 내린 연구들을 살펴보면, Smith(1776)는 공급이 한정되어 있고 조달이 어렵거나 매우 값비싼 것을 의미하는 경제용어로써 명품의 개념을 정의하였다. Dubois와 Paternault(1995)는 명품이라는 개념이 희소성과 연관되어 있다는 것을 증명했는데, 여기서 희소성은 물질적 희소성이나 높은 가격을 의미한다. Kapferer(1997)는 명품 브랜드가 가지는 속성들을 목록화하였는데, 여기에는 '고품질, 아름다움, 관능성, 배타성, 역사성, 고가격, 독특성(uniqueness)'이 포함된다. 그동안 명품 브랜드들은 강력한 브랜드 자산과 보안성, 충성도 높은 고객에게 의존하는 경향이 컸기 때문에 명품 브랜드는 소셜미디어를 일반적인 마케팅 수단으로 활용하지 않는 편이었다(Kim & Ko, 2012).

<기사>

명품 브랜드가 소셜미디어 광고에 주목하는 이유

"명품도 이제 아이돌을 찾는다. 지코, 블랙핑크가 대세"

지코와 블랙핑크를 찾는 글로벌 명품의 큰손들이 늘어나고 있다. 기존 명품 광고 모델은 30~40대 이상의 중후한 연기력을 뽐내는 배우들이 도맡아 왔다면 명품의 소비계층이 10대로까지 어려진 탓에 인기 아이돌의 모델 발탁이 늘어나고 있다.

최근 지코는 글로벌 패션 하우스 펜디(FENDI)와 화보를 찍었다. 펜디 관계자는 "최근 'Summer Hate'로 또 한번 챌린지 열풍을 이어가고 있는 지코는 평소 특유의 익살스러운 표정과 카리스마로 사람들의 시선을 압도해 만족한다."며 "2020 프리폴 컬렉션에서부터, 펜디의 클래식 FF로고 플레이가 돋보이는 룩 등이 지코의 스웨그와 어우러져 유니크한 매력을 발산했다."고 평가했다. 지코는 스페인 가죽 브랜드 로에베(LOEWE)와도 손을 잡았다. 로에베가 지난 12일 공개한 2021 봄/여름 시즌 남성 컬렉션엔 지코가 한국인 셀러브리티들 중 유일하게 디지털 콘텐츠 제작에 참여해 화제가 됐다. 지코는 20일 본인 SNS 계정에 해당 콘텐트의 비하인드 영상을 추가로 올린 바 있다. 지코가 참여한 '프론트 로우의 움직이는 초상화'는 그 첫 번째 콘텐츠로 프랑스 예술가 파비앙 콘티(Fabien Conti), 스페인 DJ 파스칼 모스케니(Pascal Moscheni), 일본 모델 우타(Uta), 중국의 가수 즈타오 왕(Ztao Wang) 등 전세계에서 선정 및 초대된 연예인과 예술가들이 이 이벤트에 참여했다.

블랙핑크도 인기 멤버 제니가 샤넬의 뮤즈로 활동하는 것을 시작으로 다

그러나 최근 몇 년 사이 명품 브랜드가 마케팅을 위하여 소 셜미디어를 적극 활용하는 일이 활발히 늘고 있다. 명품 브랜 드 또한 소셜미디어를 통한 고객과의 커뮤니케이션을 실시할 경우 소비자와 브랜드의 관계를 증진시키고 제품에 대한 구매 의사까지 끌어올릴 수 있다는 장점이 있기 때문에, 소셜미디어 채널을 통한 명품 브랜드의 커뮤니케이션이 유망한 마케팅 전 략으로 주목받는다는 것이다.

[그림 1-7] 아이돌의 명품 브랜드 광고와 소셜미디어를 통한 2차 파급효과

출처: 지코 인스타그램(https://www.instagram.com/woozico0914/?hl=ko)

앞선 기사에서와 같이 FENDI, Bulgari 그리고 LOEWE가 아이돌 가수 지코와 블랙핑크를 광고모델로 발탁하여 찍은 광고는, 각 브랜드의 공식계정에 업로드되었을 뿐만 아니라, 지코의 개인 소셜미디어 계정인 인스타그램에도 업로드되었다. 브랜드 팬뿐만 아니라, 광고모델인 지코가 보유한 472만 명 가량의 많은 팔로워가 각 광고, 비하인드 스토리 등을 조회하고 댓글을 남겼으며, 개인 채널에 공유하는 등 뜨거운 관심을 보였다.

명품 브랜드가 직접 소셜미디어상 브랜드 팬페이지 등을 운영해 제품이나 브랜드를 광고하는 경우도 점차 늘어나고 있다. GUCCI는 소셜미디어 인스타그램(instagram)을 브랜드, 제품, 구매 방식 등 다양한 내용을 광고하는 채널로 활용한다. GUCCI의 인스타그램 공식 계정 팔로워 수는 2021년 6월 9일 현재 4,456만 명으로 영상, 이미지, 팬들과의 실시간 소통이 가능한 라이브채널 오픈 등의 방식으로 브랜드와 제품을 광고하고 있으며, 광고를 본 후 온라인 구매 채널로 접속할 수 있도록 연동해 두었다.

[그림 1-8] GUCCI의 인스타그램 광고

출처: GUUCI의 공식 인스타그램 계정(https://www.instagram.com/gucci/)

Godey 등(2016)은 명품 브랜드의 소셜미디어를 통한 마케팅 노력이 비용 효율적으로 브랜드 이미지를 구축하는 데 도움이 되며, 이것이 결과적으로 브랜드 자산과 주요 소비자 성과에 영향을 미친다는 사실을 발견하였다. 명품 브랜드 시장의 소셜미디어 마케팅이 점차 성장하고 있음에도 불구하고, 여전히 많은 명품 브랜드의 마케팅 매니저들은 소셜미디어라는 채널을 통한 마케팅에 부담을 느낀다고 한다. 그 이유는 '소셜미디어 광고로 인해 우리 명품 브랜드가 가진 위신이 떨어지지는 않을까?'라는 염려 섞인 질문과 연결된다. 이에 제4장에서는 소셜미디어 광고의 효과를 계량적으로 분석해 이러한 질문에 답하고자 한다.

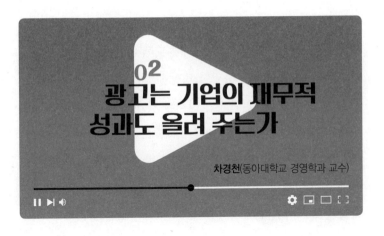

02
광고는 기업의 재무적 성과도 올려 주는가

차경천(동아대학교 경영학과 교수)

경영학을 실증적으로 연구하는 사람들은 일반인들이 당연하다고 생각하는 것을 실제로 우리 사회에서 그러한지 자신들이 수집한 자료를 가지고 가설검증을 한다. 광고를 하면 재무적 성과, 이를테면 수익성이나 다른 재무적 요소에 긍정적인 효과를 줄 것이라는 당연한 생각을 학문적 이론 또는 가설이라 하고, 이를 데이터를 가지고 실증연구를 한다는 것이다. 실제 여러 학문에서 이러한 당연한 이론들은 실증연구를 통해 가설이 기각되거나, 효과 없음으로 연구 결과가 제시되는 경우가 제법 많다.

이 장에서는 『광고학연구』에 게재되었던 이은주, 백태영, 신현준, 전경민, 차경천(2016)의 연구 결과를 소개한다. 이들은 국내 대표기업 184개사의 1998년부터 2014년까지(17년간) 국가고객만족지수(NCSI)의 세부항목과 기업성과 패널데이터를 대상으로 하여, 광고가 브랜드 애호도에 미치는 영향과 애호도가 기업성과에 미치는 산업별 영향을 실증적으로 분석하였다. 서비스 산업에서는 일반적인 상식과 맞게, 광고가 브랜드 애호도에 긍정적 영향을 미치고, 다시 애호도가 수익성과 시장가치에 긍정적 영향을 미치는 연결고리가 발견되었다. 그러나 제조업에서는 이러한 선순환적 과정이 서비스업보다 상대적으로 약함을 확인하였다.

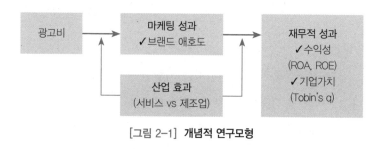

[그림 2-1] **개념적 연구모형**

이 글에서는 [그림 2-1]과 같이 개념적 연구모형을 검증한다. 먼저, 광고비가 브랜드 애호도에 미치는 영향을 검증한다. 또한 고객만족 지표 중에서 재구매와 추천의도로 조사되는 브랜드 애호도가 재무성과에 미치는 영향을 검증한다. 구체적으로 국가고객만족지수의 세부 요인 변수 중 고객의 브랜드 애호도에 초점을 맞추었다. 왜냐하면 브랜드 애호도는 고객만족의 후행 변수이면서, 고객의 구매행위와 더 높은 상관을 가지고 있

02 광고는 기업의 재무적 성과도 올려 주는가

어, 광고비가 광고주 기업의 수익성과 기업가치 증진으로 이어지는지 그 효과 검증에 더 의미가 있다고 판단되기 때문이다.

브랜드 애호도는 고객이 타 브랜드 대비 해당 브랜드를 더 선호하는 상대적 태도치의 차이 및 고객의 반복적 구매 행동의 두 가지 요소로 형성된다(Dick & Basu, 1994). 브랜드 애호도는 이론적으로 볼 때 고객만족의 결과에 해당하는 요인으로, 고객만족이 기업성과에 미치는 영향을 매개하는 역할에 대한 연구는 이유재, 이청림(2007)에 의해 제시되었다. 광고비 지출이 고객만족의 결과요인인 브랜드 애호도에도 긍정적인 역할을 할 것으로 예측할 수 있다.

소비자의 구매행동에 의해 결정되는 매출증대는 광고 이외에 다른 상황적 요인, 소비자가 기존에 가지고 있는 브랜드 선호도 등의 영향을 받기 때문에(남승규, 2011), 마케팅 활동에 따른 매출과 수익성 변화를 밝히는 것은 어렵다. 또한 마케팅 활동에 대한 소비자의 반응이 기업의 수익 변화로 이어지기까지는 시차(time lag)가 있을 수 있다. 예를 들어, Leone(1995)는 광고에 따른 매출 변화는 광고 시작, 6~9개월 이후에 나타난다고 주장했다. 한편, 비용적인 측면에서 광고비는 기업의 경영자 재량으로 비용집행의 수준을 조정할 수 있는 재량지출비용에 해당된다. 기업의 이익이 시장에서의 이익 예상치에 미치지 못할 경우, 기업의 경영자는 당기 이익을 늘리기 위해 의도적으로 광고비의 지출을 줄이기도 한다(백원선, 송인만, 전성일,

2004; 윤순석, 1998; Baber, Fairfield, & Haggard(1991); Bushee, 1998; Dechow & Sloan, 1991; Perry & Grinaker, 1994). 이와 반대로 일시적으로 기업 이익이 기대치를 크게 상회할 것으로 예상되는 경우, 경영자들은 당기 이익을 의도적으로 줄여 기업의 이익변동성을 낮추기 위해 광고비를 과도하게 집행하기도 한다.

경영자가 광고비 지출을 결정할 때, 소비자 관련 마케팅 지표 개선과, 이에 따른 현재 및 미래의 매출 증가를 경영자는 기대한다. 만약 당기 광고비로 미래 매출 증가 효과가 있고 이것이 투자자가 가치를 인정하는 브랜드 자산 등에 의해 기업가치에 반영되면 경영자는 당기 이익에 불리해도 광고비 지출을 충분히 할 수 있다. 당기 광고비 지출이 이를 상쇄하는 매출 증가를 당기에 초래할지 여부는 불확실하므로 광고가 수익성에 유의한 영향을 주지 않을 수도 있다.

기업의 광고 활동과 시장가치 간의 관계를 실증적으로 분석한 연구들을 살펴보면, 첫째, 광고가 브랜드 인지와 같은 기업의 브랜드 자산 형성에 기여함으로써 회계적 성과지표가 향상되고, 시장가치가 증가되는 '전이(spillover) 효과'이다. 둘째, 광고 그 자체가 투자자들에게 기업의 가시성을 높이는 수단으로 활용되어 투자결정에 직접적인 영향을 주는 '신호(signaling) 효과'이다(Conchar, Crask, & Zinkhan, 2005; Grullon, Kanatas, & Weston, 2004; Hirshleifer & Shumway, 2003; Jedidi, Mela, &

Gupta, 1999; Fehle, Tsyplakov, & Zdorovtsov, 2005; Hanssens, Rust, & Srivastava, 2009; Joshi & Hanssens, 2009; Joshi & Hanssens, 2010; Leone, 1995; Lou, 2014; McAlister, Srinivasan, & Kim, 2007; McAlister, Srinivasan, Jindal, & Cannella, 2016). 그러나 국내 기업 데이터를 활용해 분석한 마케팅 활동과 기업가치 간의 관계에서, 정기식과 이정길(1996), 권순용과 이상훈(1999), 육근효(2003), 김연용, 장원경, 기현희(2006) 등의 국내 연구에서는 광고 활동이 시장가치 증대에 주는 영향이 유의하지 않다는 결과를 도출하고 있다.

더욱이 브랜드 애호도가 기업의 재무성과에 미치는 영향은 분석자료의 희귀성과 접근 제한성으로 인해 연구가 되지 않았다. 이 장에서는 고객만족 지표 중에서 재구매와 추천의도로 대표되는 브랜드 애호도가 기업의 재무적 성과에 미치는 영향을 검증하고자 한다. 이는 광고비 지출이 직접적으로 재무성과에 미치는 영향을 분석하지 않고, 광고가 브랜드 애호도에 미치는 긍정적 영향을 확인하고, 이에 애호도가 기업의 재무성과, 즉 수익성과 시장가치에 미치는 영향을 검증하고자 한다.

시장가치에 미치는 광고비 지출의 효과는 선행연구에서 산업 전반에 거쳐 긍정적인 것으로 나타나고 있다(Chauvin & Hirschey, 1993). 그러나 마케팅 노력의 경제적 효익에 대한 효과는 산업에 따라 유의도가 달라질 수 있는데, 특히 식품업, 의약업, 화장품업 및 정보통신기술업에서 광고비 지출이 긍정적인 효과를 창출하는 공헌도가 높다고 보고되고 있다(Abdel-Khalik, 1975). 서비스와 제조업은 산업을 구분하는 가장 큰 분류기준이며, 광고비 지출이 성과에 미치는 영향은 산업별로 차이를 나타낼 수 있다. 기본적으로 광고는 소비자 인식을 변화시키고자 기업이 사용하는 설득 커뮤니케이션이고, 제조업에서는 생산되는 제품의 물리적 실체가 있으므로, 소비자들이 외부 정보에 의존하지 않고, 스스로 품질을 판단하거나 기대치를 생성하기가 상대적으로 쉬우나, 무형상품인 서비스제품에 대한 판단이나 기대형성은 상대적으로 외부 정보에 의존할 가능성이 높아진다. 따라서 광고비 지출의 효과와 마케팅 지표의 효과는 전반적으로 제조업보다 서비스 산업에서 더 크게 나타날 것으로 예측할 수 있다.

그리고 서비스 산업은 제조산업에 비해 고객 보상 및 로열티, 마일리지 프로그램을 더 적극적으로 운영함으로써 고객만족의 태도를 반복구매행동으로 연결시키기 위한 적극적 마케팅 노력을 기울여 왔다. 또한 서비스 산업에서의 브랜드 자산 창출에 관한 선행 광고학연구들(문달주, 허훈, 2008; 주근희, 이경렬, 2009)에서 밝혀졌듯이, 서비스는 제조업보다 브랜드를 통해 고객과의 관계를 설정하게 되며, 한번 설정된 브랜드와 고객 간의 관계는 쉽게 대체되기 어려운 속성을 가진다(서문식, 이화정, 노태석, 2014; 조수연, 이은선, 2015). 따라서 브랜드 애호도의 산업별 효과는 산업별로 다를 것으로 예측된다.

세계 유수의 기업들에게 매년 큰 주목을 받는 슈퍼볼(Super-Bowl) 광고에서도 제조업 광고가 주를 이루었으나 서비스 산업 등과 같은 새로운 광고주가 점차 늘어나고 있다. 특히 COVID-19 사태 이후 2021년 슈퍼볼 광고주의 세대교체가 대거 이루어졌다.

〈기사〉
'30초에 60억' 슈퍼볼 광고, 현대차 빠지고 로빈후드 띄운다

미국에서 연간 최대 TV광고 대목으로 꼽히는 미국프로풋볼(NFL) 챔피언 결정전 '슈퍼볼'에서 올해 광고주가 대거 세대교체된다. 신종 코로나바이러스 감염증(코로나19) 사태 이후 급성장한 신흥기업이 새 광고주로 떠오른 반면, '터줏대감'이었던 기성기업 일부는 올해 광고를 하지 않기로 했다.

4일(현지시간) CNBC는 오는 8일 열리는 슈퍼볼에 여러 기업이 새 광고주로 나선다고 보도했다. 대부분이 코로나19 이후 큰 성장세를 기록한 비대면경제 기업이다. 음식 배달 모바일 플랫폼을 운영하는 도어대시, 온라인 중고차 거래 플랫폼 브룸, 전문가 프리랜서를 연결해 주는 온라인 구인 플랫폼 파이버, 온라인 구직 플랫폼 인디드 등이 처음으로 슈퍼볼에 광고를 낸다. 무료 온라인 증권거래 플랫폼 로빈후드도 첫 슈퍼볼 광고를 방영한다. 로빈후드는 코로나19 이후 늘어난 유동성과 재택근무 수혜를 톡톡히 본 대표 기업으로 꼽힌다. 사용자 수가 2019년 말엔 600만 명 수준이었으나 작년 1,300만 명으로 두 배 이상 급증했다.

······〈중략〉······

[그림 2-2] 2020년 현대차 슈퍼볼 광고 (기사 내 사진)

반면, 슈퍼볼 단골 광고주였던 버드와이저, 코카콜라, 펩시, 현대차와 기아차는 올해 광고를 내지 않는다. 버드와이저는 37년만, 코카콜라와 펩시는 20년만, 현대차는 13년만이다.

코카콜라는 지난달 슈퍼볼 광고에서 빠진다고 발표하면서 "전례 없는 타격을 입은 시기에 기업 자원을 적절한 곳에 투자해야 하기 때문"이라고 설명했다. 코로나19로 인한 재정 타격 때문에 막대한 돈을 들여 광고를 하기 어렵다는 얘기이다.

안젤라 제페다 현대차 미국법인 최고마케팅책임자(CMO)는 "코로나19와 신차 출시 시기 등을 고려해 올해 슈퍼볼 광고는 하지 않기로 했다."고 말했다. 펩시는 광고 대신 기존 스폰서십 계약을 체결한 슈퍼볼 하프타임쇼에 집중할 방침이다.

······〈중략〉······

슈퍼볼은 매년 시청자가 1억여 명에 달하는 세계 최대 스포츠 행사 중 하나이다. 미국에선 시청률이 약 40%에 달한다. 홍보 효과가 막대해 기업들이 슈퍼볼 당일만을 위한 광고를 따로 제작해 내보낼 정도이다. 슈퍼볼은 올해 광고 55편을 방영한다. 올해 슈퍼볼 광고는 30초 단가가 550만 달러 (약 61억 8200만 원)로 알려졌다.

https://www.hankyung.com/international/article/202102053619i

〈선한결 기자, 한국경제(2021. 2. 5.)〉

이 연구에서는 기업의 마케팅 성과 지표로 한국생산성본부에서 발표하는 고객만족지수(NCSI)와 그 구성요소를 활용하였으며, 기업별로 다양한 브랜드마다 여러 개의 고객만족지수가 발표되는 기업의 경우, 고객만족 지표들을 평균하여 사용하였다. 회계 및 재무 정보는 KIS-VALUE 데이터베이스를 통해 확보하였다. 분석 표본은 고객만족지수와 회계/재무 정보를 확보할 수 있었던 184개사이다. 병원 및 교육, 공공서비스와 같이 공익을 추구하는 업종은 분석에서 제외하였다. 이들 기업은 24개 업종(기업표준산업 '중' 분류 기준)에 걸쳐 있으며, 국내 100대 광고주(닐슨코리아, 2014년 11월) 중 44%를 차지한다. 〈표 2-1〉은 분석에 사용되는 변수들의 기술통계량이다. 매출액 대비 광고비인 광고수준은 대부분 1보다 작은 값이나, G마켓(1998년) 4.416, SK브로드밴드(1998년) 32.918처럼 매출액보다 광고비 지출이 월등히 많은 경우는 분석에서 이상치로 제거하였다. 광고수준 중 최고치는 SK커뮤니케이션즈(1999년)

1.551였다. 토빈의 큐의 값 중, 다음카카오의 1999년 57.517은 IT기업의 사업 초기 급격한 주가 상승으로 인한 것으로 분석의 안정성을 위해 이상치로 분석에서 제거하였다. 산업별로 구분은 서비스업, 제조업으로 구분하였다. 각각 전체 184개 기업 중 서비스업은 113개, 제조업은 71개 기업으로 구성되었다. 참고로 KIS-VALUE 데이터베이스는 [그림 2-3]과 같이 구성되어 있다.

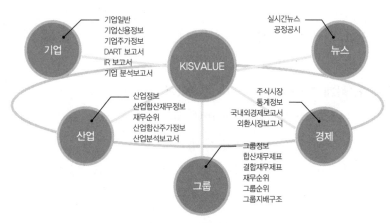

[그림 2-3] KIS-VALUE 데이터베이스의 구성도

〈표 2-1〉 산업별 변수의 기술통계량

서비스	애호도	ROA	ROE	토빈의 큐	광고수준
평균	57.698	0.035	0.090	1.375	0.042
중앙값	57.000	0.025	0.097	1.064	0.009
표준편차	4.925	0.286	0.279	1.243	0.109
최솟값	28.000	−5.451	−4.151	0.002	0.000
최댓값	95.000	5.857	1.449	13.761	1.551
관측수	1249	1237	1227	752	754

제조업	애호도	ROA	ROE	토빈의 큐	광고수준
평균	57.583	0.070	0.192	1.295	0.037
중앙값	57.710	0.063	0.133	1.052	0.029
표준편차	3.344	0.229	0.672	0.862	0.039
최솟값	41.330	−3.188	−2.428	0.186	0.000
최댓값	72.000	2.868	13.663	5.917	0.255
관측수	698	775	730	351	769

〈표 2-2〉 변수의 상관계수

	애호도	ROA	ROE	토빈의 큐	광고수준
애호도	1.000				
ROA	0.143	1.000			
ROE	0.069	0.296	1.000		
토빈의 큐	0.457	0.285	0.234	1.000	
광고수준	0.026	−0.217	−0.045	0.051	1.000

〈표 2-3〉 **독립변수와 종속변수**

변수		설명
광고수준		광고선전 활동은 불특정다수를 대상으로 제품(서비스) 판매촉진이나 기업이미지 향상을 위해서 각종 대중 매체를 통하여 홍보하는 것으로 광고비는 이러한 활동에 소요되는 비용을 뜻한다. 이 연구에서의 '광고수준'은 연간 광고비를 매출액으로 표준화한 수치이다.
고객 만족	애호도	이 연구에서는 브랜드 수준으로 조사되는 한국생산성본부의 소비자만족지수(NCSI)와 그 구성요소(인지품질, 기대수준, 인지가치, 불만족, 애호도)를 각각 단순 평균하여 기업 수준의 수치를 산출해 활용하였다.
수익성	자산수익률 (ROA)	당기순이익을 당기총자산과 전기총자산의 평균으로 나눈 값이다.
	자기자본수익률 (ROE)	당기순이익을 당기와 전기 자기자본의 평균으로 나눈 값이다.
시장 가치	토빈의 큐	기업의 시장가치를 보유자산의 대체원가로 나눈 비율로 기업의 가치를 나타낸다. 만일 특정 기업의 자산 대체원가에 비해 시장가치가 높다면, 이는 시장에서 이 회사의 가치를 높게 평가하고 있음을 의미한다.

모형의 설정

이 연구에서는 기업규모를 통제하기 위해 총자산을 자연로그 치환하여 포함하였고, 개별 기업별로 상수항을 다르게 추정하는 고정효과 모형(fixed effect model)을 추정하였다. 패널 데이터를 사용할 때는 고정효과모형과 확률효과모형 중 어떤 것을 사용하는지 테스트한다. 확률효과모형(random effect model)

과 고정효과모형 중, 하우스만 테스트(Hausman Test) 결과 p-value가 매우 낮아(<0.01) 고정효과모형을 선택하였다. 하우스만 테스트의 기본 가정이 '확률효과모형이 더 효과적이다'이므로 이 연구에서는 고정효과 모형의 결과를 사용하였다. 기업 고정효과 변수(식 3에서)는 모형에서 명시적으로 고려하지 않은 기업의 특성을 통제하는 효과를 준다. 이유재, 차경천, 이청림(2008)은 기업의 수익성과 가치에 미치는 고객만족의 동태적인 영향을 검증하기 위해 Koyck(1954)를 변환한 모형에서 종속변수의 전기 값을 동태적 효과로 도출했다. 이는 독립변수의 무한항의 과거값이 현재의 성과에 영향을 미치며, 과거 독립변수의 효과가 지수적으로 감소하는 것을 가정한 것으로 마케팅에서 동태적인 효과를 모형화할 때 가장 널리 사용하는 모형이다(Leeflang, Wittink, Wedel, & Naert, 2000). 이를 표현한 과정이 수식 (1)과 (2)이다. 수식 (1)에서 β는 당기 광고비 지출이 당기 성과에 미치는 효과를 나타내며, $0<\lambda<1$일 때 λ는 당기 광고비 지출의 미래성과에 미치는 효과가 시간이 지남에 따라 약해지는 정도를 나타낸다. λ가 1에 가까우면 광고비 지출이 미래성과에도 현재성과와 대등한 효과를 미친다는 것이며, 0에 가까우면 미래성과에 미치는 효과가 거의 없다는 것을 나타낸다. 수식 (1)을 사용하여 회귀분석을 하면 광고비의 시계열적인 상관관계가 높아 다중공선성 문제가 있어서 수식 (1)에서 아래와 같이 도출된 수식 (2)를 대신 사용한다. 수식에서 Ad_t는 t기의

광고수준이다.

$$y_t = \alpha + \beta \cdot Ad_t + \beta\lambda \cdot Ad_{t-1} + \beta\lambda^2 \cdot Ad_{t-2} + \cdots + \varepsilon_t$$
$$\lambda y_{t-1} = \lambda\alpha + \beta\lambda \cdot Ad_{t-1} + \beta\lambda^2 \cdot Ad_{t-2} + \beta\lambda^3 \cdot Ad_{t-3} + \cdots + \lambda\varepsilon_{t-1} \qquad (1)$$
$$\Rightarrow y_t - \lambda \cdot y_{t-1} = \alpha(1-\lambda) + \beta \cdot Ad_t + (\varepsilon_t - \lambda\varepsilon_{t-1})$$

$$y_t = \lambda \cdot y_{t-1} + \alpha^* + \beta \cdot Ad_t + \varepsilon_t^* \qquad (2)$$

Granger와 Newbold(1974)는 잘못된 모형설정(mis-specification)은, 첫째, 중요한 변수의 제외, 둘째, 관련 없는 변수의 포함, 셋째, 자기상관된 잔차(residual)로부터 올 수 있다고 했다. 이에 Granger와 Newbold(1974)는 종속변수의 과거값(lagged dependent variable)을 포함시키거나, 차분(first difference)하여 분석하거나 또는 오차항의 자기회귀항의 추가를 추천하였다. 이에 이 연구에서는 제안모형으로 Anderson, Fornell과 Lehmann(1994)이 사용한 바 있는 자기상관모형(lagged dependent specification)을 사용하였다. 광고의 고객만족에 미치는 효과를 위한 식 3에서는 종속변수의 전기 값과 현재의 광고수준을 산업별로 사용하였다. 식 4는 애호도가 재무성과에 미치는 효과를 검증하기 위한 모형이며, 종속변수의 전기 값과 현재의 브랜드 애호도를 산업별로 사용하였다. 수식에서 아래첨자(subscript) i는 기업을, t는 연도를 의미한다. GDP_t는 한국의 t년의 경제성장률이며, $\ln(TA_{it})$는 i기업의 t년도의 총자산을 자연로그 치환한 값이다. α는 고정효과모형에서의 상수항이며, α_i는 기업별로 별도로 추정된 상수항 값이다. 수식 3에서 광고수준 앞에 붙은 계수(γ_1, γ_2)가 양(>0)으로 추정된다면, 광고수준이 올라가면 브랜드 애호도가 증가한다는 가설을 검증하는 것이다.

광고 → 브랜드 애호도 모형:

$$y_{it} = \begin{pmatrix} \gamma_1 \cdot d\_서비스 \times 광고수준_{it} + \\ \gamma_2 \cdot d\_제조업 \times 광고수준_{it} + \end{pmatrix} + \lambda \cdot y_{it-1} + \begin{pmatrix} \alpha + \alpha_i + \\ \theta \cdot timetrend_t + \\ \delta \cdot GDP_t + \\ \beta \cdot \ln(TA_{it}) \end{pmatrix} + \varepsilon_{it} \quad (3)$$

브랜드 애호도 → 재무성과 모형:

$$y_{it} = \begin{pmatrix} \gamma_1 \cdot d\_서비스 \times 애호도_{it} + \\ \gamma_2 \cdot d\_제조업 \times 애호도_{it} + \end{pmatrix} + \lambda \cdot y_{it-1} + \begin{pmatrix} \alpha + \alpha_i + \\ \theta \cdot timetrend_t + \\ \delta \cdot GDP_t + \\ \beta \cdot \ln(TA_{it}) \end{pmatrix} + \varepsilon_{it} \quad (4)$$

모형에는 확정적 시간추세(deterministic time trend)를 조절하기 위해 해당년도(1999~2014)를 추세변수로 사용하였다. 이는 시간에 따라 고객만족 관련지수들이 증가하는 효과를 통제하기 위해 Andersen 등(1994)에서도 사용한 바 있다. 또한 광고수준의 산업별 차이를 위해 전체 기업을 서비스, 제조업으로 구분하였다. 제안모형에서 이를 구분하는 더미변수(해당산업일 때만 '1', 다른 산업일 때는 '0'의 값을 가진다)를 사용하여 광고와 애호도가 종속변수에 미치는 영향을 산업별로 구분하여 추정하였다.

분석 결과

다음의 〈표 2-4〉, 〈표 2-5〉와 같이 추정결과를 정리하였다. 모형추정 결과에서는 개별 기업별 상수항이 각각 산출되지만 결과표에서는 이를 제외하였다. 표의 계수 다음 괄호는

〈표 2-4〉 광고가 브랜드 애호도에 미치는 영향 추정결과

독립변수 \ 종속변수	애호도
서비스_광고수준$_t$	15.438(*)
제조업_광고수준$_t$	−5.090
y_{it-1}	0.263(***)
상수항	−7.193
시간추세	0.024
GDP	−0.047
ln(TA)	0.113
분석기업 수	92
전체 관찰치 수	975
Adj-R^2	0.61
p-value(F-statistics)	0.00

p-value의 유의도에 따라 10%, 5%, 1%에 각각 *, **, ***로 표기
하였다. 기업마다 브랜드 애호도와 재무성과와 광고비가 모두
수집되지 않아, 모형결과마다 분석에 사용된 기업의 수와 전체
관찰치 수가 다르다. 기업의 크기를 나타내는 로그 치환한 총
자산의 계수는 추정결과 유의하지 않았다(〈표 2-5〉).

광고의 브랜드 애호도에 미치는 모형(식 3)의 분석 결과, 광
고 수준은 제조업의 경우 브랜드 애호도에는 유의한 영향이 없
었다. 서비스업의 경우, 광고 활동은 브랜드 애호도에 긍정적
인 영향을 주었다. 이처럼 산업별로 광고비 지출 수준이 브랜

〈표 2-5〉 **애호도가 수익성과 시장가치에 미치는 영향 추정결과**

종속변수 독립변수	ROA	ROE	Tobin's q
서비스_애호도$_t$	0.003(*)	0.005(**)	0.028(***)
제조업_애호도$_t$	0.003	−0.003	0.012
y_{it-1}	0.096(***)	0.241(***)	0.495(***)
상수항	−0.134	2.308	−6.927
시간추세	0.0002	−0.0009	0.003
GDP	−0.002	0.0001	0.012
ln(TA)	−0.011	−0.017	0.026
분석기업 수	134	132	69
전체 관찰치 수	1392	1356 .	813
Adj-R^2	0.14	0.39	0.71
p-value(F-statistics)	0.00	0.00	0.00

드 애호도에 미치는 효과가 다르며, 전반적으로 서비스 산업에서 광고비 지출 수준의 긍정적 효과가 집중되어 나타나는 경향을 보인다.

당기 광고비가 미래성과(또는 과거의 광고비가 현재의 성과)에 미치는 영향을 나타내는 y_{it-1}의 계수는 0.3과 0.6 사이의 유의한 값을 가지므로, 당기 광고비가 미래 브랜드 애호도에 대해 당기 애호도보다는 약하지만 긍정적인 효과를 보이는 것을 알 수 있다.

〈표 2-4〉의 고객만족 결과요인으로써, 소비자의 추천과 재구매와 직접관련이 있는 브랜드 애호도가 수익성과 시장가치에 미치는 모형추정 결과에서 애호도는 서비스업의 경우에 수익성 지표(ROA와 ROE)와 시장가치인 토빈의 큐에 모두 긍정적인 영향을 주는 것으로 나타났다(〈표 2-5〉). 제조업의 경우에는 수익성과 시장가치에 애호도의 효과가 유의하지 않았다.

분석 결과를 종합해 보면, 광고는 브랜드 애호도를 높이는 효과가 있으며, 개선된 브랜드 애호도는 기업의 수익성과 투자자들에게 기업의 미래가치를 높여 주는 투자로 인식된다. 특히 서비스 기업에게 마케팅효과의 당사자인 소비자에게 광고활동은 브랜드 애호도에 긍정적인 영향을 주고, 개선된 브랜드 애호도는 기업에 장단기 재무성과에 혜택을 준다. 제조업의 경우 광고는 애호도 및 기업성과로 직접 연결되는 효과는 발견하지 못하였다. 이 연구의 결과는 광고와 수익성에서 애호도가

〈표 2-6〉 광고가 수익성과 시장가치에 미치는 영향 추정결과

독립변수 ＼ 종속변수	ROA	ROE	Tobin's q
서비스_광고수준	−0.759(***)	−0.395(*)	−0.484
제조업_광고수준	−0.643	−1.365	−0.605
y_{it-1}	0.038	0.314(***)	0.417(***)
상수항	4.033	12.186	−8.046
시간추세	−0.002	−0.006	0.002
GDP	0.002	0.005	0.010
ln(TA)	0.005	0.001	0.194(**)
분석기업 수	107	104	50
전체 관찰치 수	1387	1327	718
Adj-R^2	0.22	0.38	0.66
p−value(F−statistics)	0.00	0.00	0.00

매개하는 것이었다. 광고의 직접적인 수익성에 미치는 효과검증을 추가적으로 분석한 결과는 〈표 2-6〉이다.

〈표 2-6〉에서 알 수 있듯이 광고비가 수익성에 미치는 직접적인 효과는 제조업의 경우 유의하지 않았고, 오히려 서비스의 경우 수익성에 부의 효과를 주는 것으로 분석되었다. 즉, 광고비는 서비스업의 경우 수익성을 낮추는 데 효과를 미치고, 제조업에서는 광고가 수익성과 상관이 없었다. 또한 토빈의 큐는 광고와 상관이 없다는 결과이다.

결론 및 시사점

이 장에서는 국내기업의 광고 활동이 마케팅 성과인 브랜드 애호도가 재무성과에 미치는 영향을 실증적으로 분석하였다. 기존 연구에서 주로 사용하는 고객만족지수는 고객만족의 세부지표들을 이용하여 복합 산출되는 값이다. 이에 기존 연구와는 달리 이 연구에서는 소비자의 행동과 직결되는 애호도가 수익성에 미치는 영향을 패널 데이터를 통해 검증하였고, 다양한 수익성지표에 미치는 애호도의 효과를 연구하였다.

17년간의 24개 업종, 184개 기업 데이터를 분석하여 산업별로 실증적으로 분석한 결과는 다음과 같은 시사점이 있다. 서비스 산업에서 주로 광고의 효과가 브랜드 애호도에 긍정적 영향을 미치고, 다시 애호도가 수익성과 시장가치에 긍정적 영향을 미치는 연결고리가 발견되나, 제조업에서는 이러한 선순환적 과정이 서비스업보다 상대적으로 약하게 일어난다. 서비스 기업의 경우, 광고를 브랜드 애호도와 재무성과(수익성, 시장가치)를 높이는 데 전략적으로 사용하여야 할 것이다. 제조업에서 광고의 긍정적인 효과를 발견하지 못한 이유는 후속연구에서 더 들여다 볼 필요가 있다. 예를 들면, 제조업에서 광고비지출 수준의 결정이 경쟁사의 지출수준에 연동하거나 혹은 전년 매출수준에 연동시키는 관행을 따름으로써, 미래 신수요창출의 전략적 도구로 활용되고 있지 않을 가능성이 있으며, 이들 산업군에서 광고비의 지출은 보다 전략적으로 신중히 결정되어야 할 것이다.

　기업의 경영진이나 마케팅 및 광고의 실무자들이 한 가지 명심하여야 할 것은 기업의 성과는 광고 활동뿐만 아니라 상품의 품질, 경쟁자의 상품, 경제상황, 규제 등 여러 요인들의 영향을 받는다는 점이다. 따라서 기업의 성과를 순수하게 광고 효과로만 파악하려는 시도에는 어려움이 있으며, 이에 기업의 광고비 지출을 제외한 각종 마케팅 비용의 효과도 함께 고려할 필요가 있을 것이다. 현재까지 광고비는 회계기준에서 기업가치를 증대시키는 투자로 구분되지 않고, 기업 활동의 순수 비용으로만 계상되었다. 이 연구에서 밝힌 바와 같이 서비스 산업의 경우는 광고비의 지출이 수익성 및 기업가치를 높이는 데 긍정적인 역할을 하는 것으로 나타난 바, 광고비 지출은 비용이 아닌 기업 무형 자산 증진의 투자로 재분류하는 혁신적 사고의 전환이 필요하다.

송태호(부산대학교 경영대학 교수)

광고 경쟁과 브랜드 연상 네트워크

카테고리 광고(generic advertisement)나 공익 광고, 캠페인 광고와 같은 예외적인 경우를 제외하고, 일반적으로 광고는 광고를 하는 기업 또는 브랜드의 인지도를 제고하거나 이미지를 정확히 포지셔닝하여 소비자의 인식, 태도, 구매행동을 긍정적으로 촉진시키는 것을 목적으로 한다. 카테고리 광고나 공익 광고는 그 목적 자체가 특정 기업이나 브랜드를 홍보하는 것이 아닌, 산업 활동(예: 우유산업, 금융산업 등)이나 특정 활동(예: 금연활동, 재활용 캠페인 등)을 촉진하는 것을 목적으로 하기 때문에, 광고를 실행하지 않았더라도 해당 산업이나 활동과 관련되었다면 그 기업이나 브랜드는 모두 혜택을 받게 된다. 이와 같은 특수한 광고 형태를 제외하면, 대부분의 광고 실행 기업은 자신의 광고가 자신에게만 영향을 준다고 가정하고 광고 계획을 수립할 것이다. 물론 광고 실행의 결과는 긍정과 부정, 양방향의 가능성이 모두 열려 있다. 광고 기업은 그 방향이 어느 쪽이든 자사의 광고 실행의 결과에 따라 간접적으로(직접적이 아닌) 경쟁사에 영향을 준다고 생각할 것이다. 예를 들어, 광고의 효과가 긍정적이라면, 자신이 받은 혜택만큼 경쟁사는 손해를 입을 것이고, 반대로 광고의 효과가 부정적이라면, 자신이 받은 손해만큼 또는 이에 준하게 경쟁사는 혜택을 얻을 것으로 생각할 것이다. 하지만 최근의 연구 결과에 따르면, 경쟁 구도 아래에서 광고의 효과는 이렇게 단순하지 않은 것으로 조사되었다. 광고가 광고 기업에뿐만 아니라 이들과 경쟁하는 광고에까지도 동일한 또는 유사한 효과를 준다면, 광고를 계획하고 있는 기업은 지금보다 훨씬 복잡한 상황까지 검토해야 할 필요가 있다. 특히, 경쟁 구조가 복잡하거나 치열한 산업의 경우 이러한 현상은 더욱 잘 일어날 가능성이 높다.

이 상황을 좀 더 현실적으로 알아보기 위해 제1장에서 소개한 다음의 상황을 다시 한번 살펴보자.

Tom은 TV에서 펩시의 광고를 보게 되었다. 펩시의 로고가 새겨진 캔(can) 또는 유리병(bottle)으로부터 이 액체를 벌컥벌컥 마셨을 때 광고

[그림 3-1] 펩시와 코카콜라

속의 사람들은 세상 근심과 걱정 없이 행복해 보였다. 거품이 많고 투명함이 섞인 짙은 갈색 액체 속에서 솟아오르는 기포는 마치 사람들을 상쾌하게(refresh) 만들어 주는 마법의 주문처럼 보였다. 그 광고는 Tom에게 분명히 영향을 끼쳤나 보다. Tom은 쇼핑을 갔을 때 음료 코너에서 콜라를 찾았으니 효과가 있었나 보다.

그런데 아뿔싸, 그가 'Coke'를 집어 들었다!

코카콜라와 펩시는 음료 산업에서 치열한 경쟁을 하고 있는 브랜드이다. 특히 대부분의 소비자는 이들 브랜드에 대해 잘 알고 있다. 두 브랜드는 광고 전쟁에 준하는 광고를 실행한 사례도 상당히 많이 있었다. 하지만 이들의 광고가 광고 브랜드에 대해서만 성공적이었을까? 다음의 연상 네트워크 구조를 보면 소비자의 마음속에서 이 두 브랜드는 아주 높은 연관성을 가지고 있다는 것을 알 수 있다. 이 정도 수준의 연관성은 하나

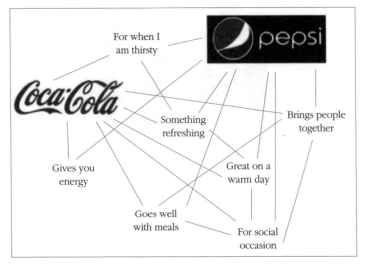

[그림 3-2] **코카콜라와 펩시의 브랜드 이미지 연상 네트워크 사례**

출처: Stocchi, Pare, Fuller, & Wright (2017).

의 브랜드에 대한 연상은 거의 즉각적으로 다른 경쟁자 브랜드를 동시에 연상시키기에 충분하다. 따라서 연관성이 높은 연상 네트워크 안에 있는 브랜드의 광고의 경우 광고를 통해 해당 브랜드의 인지 수준과 연상을 구축할수록 다른 경쟁자 브랜드의 인지 수준과 연상을 동시에 유사하게 구축해 주는 상황이 발생할 수 있다.

이러한 상황에서 발생하는 광고의 효과를 광고의 경쟁자-기여 효과(rival-benefiting effect of advertising)라고 하며, 브랜드 간의 경쟁이 심할수록, 경쟁 브랜드 간의 지위가 비대칭일수록 강하게 나타난다.

제3장은 광고의 경쟁자−기여 효과와 관련하여 『International Journal of Advertising』에 게재되었던 Song, Kim, Kim과 Lee(2019)의 연구 결과를 소개한다. 이들은 광고는 광고의 대상이 되는 브랜드에게는 혜택을, 경쟁자 브랜드에게는 피해를 유발한다는 일반적인 상식이 적용되지 않는 경우에 주목한다. 내 광고가 경쟁자 브랜드에 대한 태도와 선호도 및 실제 판매에 긍정적인 효과를 미칠 수 있다는 것이다. 광고의 '경쟁자−기여 효과'에 대한 실험과 실증연구를 통해, 시장에서 마이너 브랜드의 광고주와 경쟁하는 브랜드가 메이저 브랜드일 경우에는 광고하는 브랜드보다 광고주의 경쟁 브랜드에게 긍정적인 효과가 더 있음을 보여 준다. 즉, 광고의 경쟁자−기여 효과가 존재하는 조건을 확인하고 있다.

Song 등(2019)은 두 가지 연구방법−실험과 실증조사−을 활용하여 역설적인 광고의 경쟁자−기여 효과를 제시하고 있는데, 제1장에서 언급한 브랜드의 연관 네트워크 모델을 기반으로 하고 있으며, 광고의 경쟁자−기여 효과에 영향을 미칠 수 있는 변수로 제품 카테고리 내의 경쟁 브랜드 수를 채택하였다. 그 이유는, 확산 활성화 모델(Anderson, 1983; Collins & Loftus, 1975)에 따르면 중앙 노드에 연결된 노드의 수가 증가함에 따라 중앙 노드에서 연결된 노드로 확산되는 활성화 강도는 점점 약해진다. 즉, 중앙 노드의 총 활성화 양이 동일할 때, 연결된 노드 수가 많을수록 총 활성화 양이 연결된 노드 수로 분산되어 중앙 노드에서 연결된 노드의 평균 활성화 양이 감소된다고 추론할 수 있다(이진원, 송태호, 김상용, 2010). 이를 근거로 하여 제3장에서는 한 카테고리에서 경쟁 브랜드 수가 많을수록 광고의 경쟁자-기여 효과가 약하다는 것을 보여 준다.

〈기사〉

배달앱 전쟁의 내막: 광고 융단 폭격하고 짜장면 몇 그릇 팔았을까

요즘 배우 류승룡을 보면서 천만 관객을 동원한 영화 〈7번방의 선물〉의 바보 아빠 용구나 〈명량〉의 왜장 구루지마를 떠올리는 사람이 얼마나 될까. 그보다는 '배달의민족' 광고를 떠올리는 사람이 많을 것 같다. 류승룡의 진지한 표정과 우스꽝스러운 상황의 부조화가 웃음을 유발하는 배달의민족 광고는 지난해 한국광고대상을 비롯해 주요 국내 광고제 수상을 휩쓸었다. 버스정류장에서도, 지하철역에서도 심각한 얼굴의 류승룡과 '넌 먹을 때가 제일 이뻐' '다이어트는 뽀샵으로' 따위의 문구가 적힌 배달의민족 광고를 쉽게 만날 수 있다. 광고에 힘입어 배달의 민족은 국내 1위 배달앱으로 우뚝 섰다.

국내 2위 배달앱 '요기요'의 광고 공세도 만만치 않다. 지난해에는 배우 박신혜가 "왜 배달음식 주문만 통화를 할까" 물었고, 올해에는 〈삼시세끼〉 〈꽃보다 할배〉 등 인기 예능프로그램으로 한창 상한가를 치고 있는 와이지(YG) 패밀리 소속 톱스타 차승원, 최지우와 악동뮤지션이 총출동했다.

도대체 두 회사는 광고비로 얼마나 많은 돈을 쏟아 부은 걸까. 미디어리서치 전문기업 닐슨코리아 조사에 따르면, 배달의민족을 운영하는 ㈜우아한형제들의 지난해 광고 집행비는 지상파 93억 원, 케이블방송 57억 원, 종

03 내 광고가 경쟁사 매출을 올려 주네!

편 36억 원, 신문 2억 원 등 총 190억 원에 육박하는 것으로 추정됐다. 요기요의 주인인 유한회사 알지피코리아의 광고 집행비는 지상파 185억 원, 케이블 324억 원, 종편 256억 원 등 765억 원에 이르는 것으로 추정됐다.

……〈하략〉

https://www.hani.co.kr/arti/economy/economy_general/691485.html

〈유신재 기자, 한겨레신문(2015. 5. 15.)〉

광고의 경쟁자-기여 효과의 원리

일반적으로 광고의 효과는 자사 브랜드에는 혜택을, 경쟁자 브랜드에는 피해를 유발한다는 것이다. 브랜드의 인지와 관련하여, 광고는 자사 브랜드의 인지(기억, 생각)는 높여 주는 반면 경쟁자 브랜드에 대한 인지를 저하시킨다고 알려져 있다. 그러므로 광고 노출로 인해 타깃 브랜드와 경쟁자 브랜드가 다 함께 이득을 볼 가능성에 대한 논의는 드물다고 할 수 있다. 즉, 광고로 인한 자사 브랜드의 태도나 선호도 상승에 상응하는 경쟁자 브랜드 태도 및 선호도의 상승이 수반되지 않는 이상, 경쟁자 브랜드는 자사 브랜드와 비교하여 광고 이전에 비해서 태도나 선호도에 있어서 기존의 우위가 약화되거나 열위가 강화된 상태에 놓이게 되는 셈이므로, 경쟁자 브랜드의 선택 확률은 광고 이전에 비해 저하되는 것이라 할 수 있다. 이상으로부터, 광고로 인한 피해자는 바로 해당 광고의 경쟁자 브랜드라는 등식은 광고가 자사 브랜드에게는 소비자에 의한 선택상의 유리함을, 경쟁자 브랜드에게는 불리함을 안겨주기 때문이거나(인지 가능성의 경우), 적어도 유리함을 자사 브랜드에게만 안겨주는 데(태도 또는 선호도의 경우) 기인함을 알 수 있다.

그러나 만약, 광고로 인한 브랜드 인출 가능성 또는 태도나 선호도의 상승이 자사 브랜드에 국한되지 않고 경쟁자 브랜드에서까지 발생한다면? 예를 들어, 광고로 인해 자사 브랜드뿐 아니라 경쟁자 브랜드의 브랜드 인지 가능성까지 상승하거나, 경쟁자 브랜드의 태도 또는 선호도까지 상승하는 일이 발생한다면? 이러한 경우, 자사 브랜드의 광고는 본래의 의도와는 별도로 경쟁자 브랜드에도 기여하는 결과를 낳게 될 것이다. 이 같은 현상을 이진원, 송태호, 김상용(2010)의 연구에서는 '광고의 경쟁자 기여 효과'로 명명한다. 즉, 광고의 경쟁자 기여 효과란, "브랜드 광고가 해당 광고의 주체(자사 브랜드)뿐 아니라 자사 브랜드와 동일한 카테고리 내에서 경쟁 관계에 있는 다른 브랜드(경쟁자 브랜드)의 선호 향상에 기여하는 효과"로 정의하고자 한다.

광고 효과가 자사 브랜드로부터 경쟁자 브랜드로 파급되기 위해서는, 우선 자사－경쟁자 브랜드 간에 충분히 강력한 연관이 존재해야 할 것이다. 이러한 강력한 연관이 존재하기 위해

03 내 광고가 경쟁사 매출을 올려 주네!

서는 태생적으로 또는 사후적으로 두 브랜드 사이의 연관이 형성이 되고 지속적으로 강화된 상황이어야 한다. 만약 소비자들이 평소에 경쟁 브랜드들을 동일한 카테고리로 인식하고 있다면, 이와 같은 조건을 충족시키는 것으로 이해할 수 있다. 즉, 동일 카테고리에 속해 있기 때문에 소비자의 머릿속에서 이들은 서로 깊숙이 연관되어 있으며, 그 결과 소비자가 광고에 노출될 경우 자사 브랜드에 해당하는 노드가 활성화될 뿐 아니라 자사 브랜드와 경쟁자 브랜드 사이의 연관을 통해 경쟁자 브랜드 노드까지 활성화될 수 있을 것이다.

광고의 경쟁자-기여 효과의 조건

기본적으로 지금까지 광고 효과의 해석은 자사 브랜드의 관점에 국한되어 왔다. 그 결과, 광고가 자사 브랜드뿐 아니라 경쟁자 브랜드에게도 유익한 결과를 가져다 줄 가능성에 대해서는 간과하여 왔다. 광고의 경쟁자 기여 효과의 존재는 경쟁상황하에서 광고가 자사-경쟁자 브랜드에 끼치는 영향을 기존의 지배적인 설명처럼 제로섬(zero-sum) 내지는 win-lose의 구도뿐 아니라 win-win의 구도에서도 가늠해야 할 필요성을 제기하는 것이다. 왜냐하면 광고의 경쟁자 기여 효과가 존재한다면 경쟁자 브랜드는 자사 브랜드 광고의 피해자일 뿐이라고는

[그림 3-3] 30년간 잇몸 질환 치료 보조제로 경쟁해 온 인사돌(상)과 이가탄(하)

03 내 광고가 경쟁사 매출을 올려 주네!

할 수가 없기 때문이다. 이와 같은 광고의 경쟁자 기여 효과는 학술적으로는 광고 효과에 대한 기존의 패러다임과는 일치하지 않는 것이며, 실무적으로는 광고의 집행으로 인해 발생하는 예기치 못한 효과를 새롭게 보여 주는 것이다.

서울 소재 ○○대학교의 학부생 350명이 교과목에 대한 추가점수를 인센티브로 받기 위해 실험에 참가하였다. 329개의 유효한 응답이 사용되었으며 각 섹션에 피실험자에게 설문지를 제공하고 일련의 광고 클립을 보여 주었다. 각 섹션은 8가지 조건 중 하나에 할당되었다. 4가지(카테고리: 소주 vs 콜라 vs 맥주 vs 패스트푸드) × 2가지(경쟁 브랜드: 메이저 브랜드 vs 마이너 브랜드). 실험참가자는 ① 구매의도를 평가하고, ② 광고 클립의 순서를 지켜보며, ③ 필러 작업을 완료하고, ④ 구매의도를 재평가했다. 광고 전/후 등급 단계에서, 한 피실험자는 광고주 브랜드와 경쟁 브랜드에 대한 구매의도를 평가했다. 실험자극물로 사용한 광고 클립은, 피실험자의 기존 경험과 같은 외생 변수의 영향을 제어하려고 했다. 광고 클립은 학부생에게 익숙한 카테고리이며, 최근에 자주 텔레비전에 방영되었던 것이다. 또한 내생 변수의 가능한 영향을 줄이기 위해 광고와 명확하게 일치하거나 최소한 그 광고의 특성을 살려서 사용했다. 대체로 광고 자극물에는 경쟁 브랜드보다 우월한 특성과 관련한 어떠한 메시지도 포함되지 않았다.

실험대상 카테고리와 브랜드 선정

앞에서 언급된 제품들은 각 카테고리 내의 브랜드 수를 제외한 몇 가지 공통된 특성을 공유하기 때문에 실험대상 카테고리로 채택되었다. 카테고리는 실용적인 것보다는 소비자들의 쾌락적 욕구를 충족시킨다. 소주와 맥주는 알코올성 음료이고, 콜라와 패스트푸드의 공통 특징은 '정크푸드(junk foods)'이다. 4가지 카테고리는 일반적으로 저관여 제품으로, 마트에서 표준가격 1만 원을 초과하지 않는다. 따라서 쾌락적 vs 실용적, 또는 저관여 vs 고관여 제품과 같은 이러한 범주 간 차이가 실험을 통해 얻은 결과를 설명할 가능성은 낮다. 따라서 〈표 3-1〉과 같이 시장 정보를 기반으로 소수경쟁 또는 다수경쟁 여부에 따라 4가지 범주를 두 그룹으로 분류하였다.

실험 당시(2011년) 한국 맥주 시장은 4개 브랜드가 주도했다 (Kim, 2010). 같은 시기에, 소주 시장은 두 개의 브랜드가 장악했다(Yim, 2010). 한국 시장에서는 콜라와 패스트푸드가 각각 복점 (duo-poly, Kim, 2010) 산업과 자유경쟁(penta-poly; DELCO, 2012) 산업으로 분류되었다. 따라서 맥주와 패스트푸드를 상대적으로 경쟁자 브랜드가 더 많은 카테고리로 분류하였다. 또한 시장 점유율에서 이러한 카테고리에 대한 허핀달 지수(Herfindahl Index: HI)를 계산하여 이러한 분류를 확인했다. 〈표 3-1〉에서 보듯이, 소주와 콜라 카테고리의 HI는 맥주와 패스트푸드 카테고리보다 훨씬 높았다(.60 및 .52 > .36 및 .34). 이는 소주와 콜라의 카테고

리가 소수의 특정 기업(Tirole, 1998, pp. 221-223)에서 더 강력한
시장 지배력을 보여 주고 있음을 나타낸다.

〈표 3-1〉 **실험 분석에 사용되는 카테고리 및 브랜드**

소수 경쟁 카테고리			
(한국) 소주: 복점 카테고리 HI: .60		콜라: 복점 카테고리 HI: .52	
경쟁 브랜드 시장 점유율(%)	참이슬 (A1) 73.25	처음처럼 (A2) 25.88	콜라 (B1) 60	펩시 (B2) 40

다수 경쟁 카테고리								
맥주: 4개 브랜드 카테고리 HI: .36				패스트푸드: 5개 브랜드 카테고리 HI: .34				
경쟁 브랜드 시장 점유율(%)	하이트 (C1) 48.6	카스 (C2) 35.0	OB (C3) 6.8	맥스 (C4) 3.0	롯데 리아 (D1) 49.5	맥도 날드 (D2) 25.9	KFC (D3) 11.0	버거킹 (D4) 10.6	파파 이스 (D5) 2.9

참고: 소주 브랜드의 시장 점유율은 대한민국 서울 기준이며 다른 데이터는 한국 시장
전체 기준, HI: 허핀달 지수
출처: 소주(Yim, 2010); 콜라(Kim, 2009); 맥주(Kim, 2010); 패스트푸드(DELCO, 2012)

광고 브랜드와 경쟁 브랜드

시장 점유율이 가장 높은 브랜드를 메이저(major) 브랜드로 선
택하고 나머지 대안 중 하나를 마이너(minor) 브랜드로 선정했
다. 이하에서 카테고리 코드(즉, 소주: A, 콜라: B, 맥주: C, 패스트푸
드: D)와 브랜드 코드(메이저 브랜드: 1, 마이너 브랜드: 2)를 조합한

코드명을 가진 브랜드로 지칭한다. 예를 들어, 브랜드 A1은 소주 카테고리의 주요 브랜드인 참이슬(브랜드 코드명, 〈표 3-2〉)을 나타낸다.

또한 한국의 유료 시장 데이터베이스 서비스(BRANDSTOCK, 2010)를 이용하여 특정 카테고리 내에서 제안된 메이저 브랜드와 마이너 브랜드 간의 소비자의 특성 차이를 확인했다. 만약 소비자의 태도가 시장상황과 맞지 않는다면, 시장 점유율을 기반으로 메이저-마이너 브랜드 구별은 소비자의 사고방식을 반영하기보다는 공급업체의 유통력(예: 물류 또는 가격정책)에 따른 결과일 수 있기 때문이다. 데이터베이스 검색 결과, 메이저 브랜드라고 분류한 것들 모두가 소비자의 인식도, 선호도, 신뢰도, 만족도, 구매의도에서 각각 상응하는 마이너 경쟁 브랜드들보다 월등하여, 메이저-마이너 브랜드 구별을 뒷받침한다.

마이너에서 메이저로의 기여효과

〈표 3-2〉 A의 상반부에서 볼 수 있듯이, 소주와 콜라 카테고리에서, 메이저 경쟁 브랜드의 구매의도의 변화는 각각 유의한 그리고 한계적으로(marginally) 유의한 수준(소주 카테고리 A1: 구매의도 변화 = .800, t (29) = 3.117, p = .004; 콜라 B1: 구매의도 변화 = .286, t (41) = 1.737, p = .090)이다. 그러나 맥주와 패스트푸드 카테고리에서는, 〈표 3-2〉 A의 하반부에 나타낸 것과 같이, 경쟁자 브랜드의 구매의도가 크게 증가하지 않았다

(맥주 카테고리 C1: 구매의도 변화 = .053, t (37) = .388, p = .700; 패스트푸드 D1: 구매의도 변화 = .000, t (37) = .000, p = 1.000). 요약하면, 광고주가 마이너 브랜드이고 경쟁상대가 메이저 브랜드였을 때, 적어도 경쟁상대가 거의 없는 카테고리에서 광고의 경쟁자-기여 효과가 발견되었다.

메이저에서 마이너로의 기여효과

〈표 3-2〉 B에서 나타난 바와 같이, 경쟁자-기여 효과는 카테고리와 관계없이 유의하지 않다. 즉, 마이너 경쟁자 브랜드에 대한 구매의도가 크게 증가하지 않는다(최저 p = .140). 반면에, 콜라를 제외한 모든 카테고리에서 자기-기여 효과는 유의하거나 한계적으로 유의했다. 즉, 광고는 초점브랜드의 구매의도를 증가시켰다(소주 카테고리의 A1: 구매의도 변화 = .440, t (49) = 2.372, p = .022; 맥주 카테고리 C1: 구매의도 변화 = .255, t (50) = 2.097, p = .041; 패스트푸드의 D1: 구매의도 변화 = .483, t (28) = 2.636, p = .014).

콜라 카테고리에서, B1광고는 광고주 브랜드 자체에 대한 구매의도는 증가하는 듯했으나(구매의도 변화 = .137, t (50) = 1.224, p = .227), 경쟁 브랜드인 B2에 대한 구매의도는 감소했지만 그 변화는 미미하다(구매의도 변화 = −.137, t (50) = −1.41, p = .164). 그러나 전반적으로 B1의 광고(구매의도 격차 = .275, t (50) = 2.445, p = .018)로 인해 B1과 B2의 구매의도 격차가 확

〈표 3-2〉 경쟁 브랜드에 대한 구매의도 변화

| | A. 마이너에서 메이저로의 파급효과 | | | | | B. 메이저에서 마이너로의 파급효과 | | | | |
	카테고리	경쟁 브랜드	구매 의도 변화	t	p	카테고리	경쟁 브랜드	구매 의도 변화	t	p
소수 브랜드	소주 (n=30)	A1	.800	3.117	.004	소주 (n=50)	A2	.260	1.500	.140
	콜라 (n=42)	B1	.286	1.737	.090	콜라 (n=51)	B2	-.137	-1.414	.164
다수 브랜드	맥주 (n=38)	C1	.053	.388	.700	맥주 (n=51)	C3	-.020	-.207	.837
	패스트푸드 (n=38)	D1	.000	.000	1.000	패스트푸드 (n=29)	D4	-.138	-.891	.380

참고: 마이너에서 메이저 조건의 광고주 브랜드는 마이너 브랜드이고 경쟁 브랜드는 메이저 브랜드이다. 반대의 경우는 이와 반대이다. '구매의도변화'는 광고 후 구매의도에서 광고 전 구매의도를 뺀 값을 의미한다.

대되었다. 따라서 콜라 카테고리에서, 비록 자기-이익의 효과나 경쟁상대에 대한 손해의 효과(즉, 광고가 경쟁상대에 대한 구매의도를 감소시키는 것)는 크지 않았지만, 전반적으로 광고가 광고주 브랜드에 기여했다. 요약하면, 광고주가 메이저 브랜드(그리고 라이벌이 마이너 브랜드)였을 때, 경쟁자-기여 효과는 어떤 카테고리에서도 유의미하지 않다.

카테고리 유형과 브랜드 지위의 효과

경쟁자 브랜드와 카테고리 유형의 결합된 효과를 조사하기 위해, 대상 간 요인으로 상대 브랜드 지위와 카테고리 유형을, 종속 변수로 경쟁자 브랜드 구매의도 변화를 2 × 2 ANOVA를 실시하였다. 네 가지 범주의 유사점을 기준으로 두 쌍으로 분류하였다. 예를 들어, 소주와 맥주는 둘 다 알코올 음료로 공통적인 특징을 공유하기 때문에 함께 그룹화했다. 콜라와 패스트푸드는 물리적인 비유사성에도 불구하고 둘 다 정크푸드라는 맥락에서 동일그룹으로 했다.

[그림 3-4]는 소주-맥주 및 콜라-패스트푸드 쌍에서 경쟁자-기여 효과의 패턴을 보여 준다. 소주-맥주 쌍에서, 광고의 경쟁자-기여 효과는 상대적인 브랜드 지위에 따라 다소 유의한 수준[F $(1, 165)$ = 3.466, p = .064, η^2=.021]으로 차이가 있었다. 또한 경쟁자 브랜드의 구매의도 변화에 대한 평균은 마이너에서 메이저로의 기여효과와 메이저에서 마이너로의 기여효과의 경우 각각 .426과 .120이었다. 이 값은 경쟁자-기여 효과가 이전의 조건에서 더 강했음을 나타낸다. 콜라-패스트푸드 쌍에서 상대적인 브랜드 지위는 유의한 효과를 미쳤으며[F $(1, 156)$ = 4.279, p = .040, η^2=.027], 이러한 결과는 광고의 경쟁자-기여 효과가 마이너에서 메이저의 조건에서 더 강하다는 것을 나타낸다.

이러한 결과는 새로 도입된 요인인 상대적 브랜드 지위가 광고의 경쟁자-기여 효과에 영향을 미칠 수 있음을 시사한다. [그림 3-4]와 같이, 경쟁자 브랜드의 구매의도 변화에 대한 상대적 브랜드 지위의 단순 효과를 나타내는 기울기는 우측 상향[맥주: ψ = −.072, F $(1, 165)$ = .104, p = .747; 패스트푸드: ψ =

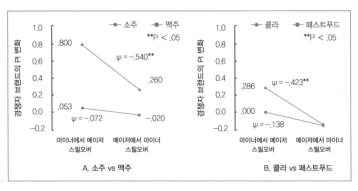

[그림 3-4] 경쟁 브랜드의 구매의도 변화에 대한 카테고리 유형과
브랜드 지위의 영향

$-.138$, $F (1, 156) = .444$, $p = .506$]이 아니거나 아주 유의한 우측 하향[소주: $\psi = -.540$, $F (1, 165) = 5.018$, $p = .026$; 콜라: $\psi = -.423$, $F (1, 156) = 5.841$, $p = .017$]이다. 이것은 메이저에서 마이너로보다 마이너에서 메이저로의 조건에서 경쟁자-기여 효과가 적어도 더 약하지 않거나 또는 훨씬 강함을 의미한다. 이효과는 [그림 3-4]에서 볼 수 있듯이, 카테고리 유형(카테고리에 경쟁 브랜드가 거의 없는지 여부)에 따라 달라지는 것으로 보인다. 그러나 두 카테고리 쌍에서 상대적 브랜드 지위의 중요성은, 카테고리 유형과 그것의 상대적 브랜드 지위와의 상호작용의 유의하지 않음과 함께, 상대적 브랜드 지위가 전반적인 경쟁자-기여 효과에 영향을 미칠 수 있음을 의미한다. 이는 마이너 브랜드에 비해 메이저 브랜드가 경쟁자-기여 효과로부터 혜택을 받을 가능성이 더 높음을 보여 주고 있다.

03 내 광고가 경쟁사 매출을 올려 주네!

광고의 경쟁자-기여 효과의 실제

앞에서 경쟁자-기여 효과의 존재를 재확인했지만, 광고 효과를 측정하는 유일한 지표로 구매의도를 채택했기 때문에 매출에서 그 존재에 대한 증거를 찾을 수가 없다. 앞서 논의한 바와 같이, 광고의 효율적인 실행을 위해서는 실제 시장 데이터를 통해 경쟁자-기여 효과를 발견할 수 있어야 한다. 그러나 경쟁자-기여 효과는 기존 패러다임에서 이미 연구된 다른 유형의 광고 효과와는 다르기 때문에 새로운 접근 방식이 필요하다. 따라서 시장에서 광고의 경쟁자-기여 효과 추정을 위한 방법론적 프레임워크를 제시하고 그것을 시장 데이터에 적용하고자 한다.

분석모형

이전 문헌에 따르면, 성능에 대한 광고 효과는 즉각적인 효과보다는 장기간 지속될 가능성이 더 크다(Dekimpe & Hanssens, 1999; Pauwels, 2004). 광고 효과에 대한 이러한 장기적인 관점과 함께, 광고와 성과가 상호 간에 피드백 효과를 줄 가능성을 고려하는 것이 중요하다(Dekimpe & Hanssens, 1995a; Dekimpe & Hanssens, 1999; Pauwels, 2004). 다시 말해서, 광고 실행과 브랜드 판매가 브랜드 내뿐만 아니라 브랜드 간에도 서로 내생적일 가능성을 고려해야 한다. 이는 단일식(single equation)의 모형으로는 불가능하여, 내생 변수들의 결합된 장기적 효과를 측정할 수 있는 VAR(vector autoregression) 접근법(Dekimpe & Hanssenses, 1995b; Sims, 1980)을 사용해야 한다.

경쟁사의 경쟁적 반응 없이 광고가 미치는 장기적인 영향을 포착하기 위해 제한된 정책 시뮬레이션 접근법(Pauwels, 2004)을 적용했다. GIRF(generalized impulsive response function)에서 추정된 반응 패턴은 모든 내생 변수에 영향을 미친다. 제한된 정책 시뮬레이션 접근법을 통해 경쟁자 브랜드의 광고를 VAR의 예측된 평균값으로 제한함으로써 경쟁 반응의 효과를 배제할 수 있는데, 이는 경쟁자 브랜드의 광고 실행이 타깃 브랜드의 광고에 의해서 영향을 받지 않는다는 것을 의미한다.

데이터

이전 섹션에서는 실험을 위해 네 가지 제품 범주를 채택한 반면, 현재 실증적 조사에서는 여러 범주의 채택이 쉽지는 않다. VAR 모델에서는 모든 관련 단위와 변수가 모형에 포함되어 있는지 여부가 중요한 고려 사항이다. 예를 들어, 임의로 선택한 단위의 부분집합(예: 브랜드)에만 초점을 맞추면 단위 별 변수 간의 내생성을 완전히 반영하지 못할 수 있다. 이와 같이 데이터 세트의 완전성이 요구되기 때문에 단일 제품 카테고리를 현실적으로 채택했다.

이 데이터에는 한국 시장에서 경쟁하는 두 브랜드의 판매 및 광고 관련 정보에 대한 월별 시계열 데이터가 포함된다. 데이터는 다음과 같이 제안된 모델을 사용하여 광고의 경쟁자-기여 효과를 검토하기 위한 요건을 충족한다. 첫째, 카테고리에서 경쟁하는 브랜드는 2개뿐이다. 둘째, 모든 경쟁 브랜드(즉, 두 브랜드)의 판매 및 광고 관련 데이터를 다룬다. 앞서 언급한 바와 같이 VAR 모델에 모든 브랜드를 포함하지 않을 경우 브랜드별 판매와 광고 변수 간의 관계를 반영하지 못할 수 있다. 셋째, 이 카테고리의 두 브랜드는 다양한 매체를 통해 광고해 왔으며 한국 소비자들에게 친숙하다. 넷째, 자신의 의도와 영업 사원의 조언에 근거해서 소비자가 브랜드를 선택할 수 있는 소

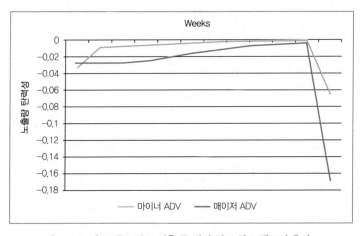

[그림 3-5] **브랜드 광고 지출 중 장기 및 교차 브랜드의 효과**
(GRP 중 교차 브랜드의 효과의 IRF)

비재상품 카테고리이다. 이러한 조건은 소비자의 의지와 무관하게 브랜드를 선택했던 Wosinska(2005)의 연구와 차별된다.

데이터 기간은 2002년 1월부터 2007년 6월까지로 66개월이다. 이 기간 동안 두 브랜드는 월평균 매출이 1,864,982달러 vs. 904,561달러, 시장 점유율 68% vs 32%, 광고 GRP 13,671 vs. 18,209였다. 월평균 매출액을 기준으로 한 브랜드의 우위성과 두 브랜드의 시장 점유율을 명확히 알 수 있다. 여기서 시장 점유율이 높은 브랜드를 메이저 브랜드로 간주하였다.

실증연구 결과

첫째, 〈표 3-4〉에서 볼 수 있듯이, 메이저 브랜드의 시간 t에서의 광고 비용은 마이너 브랜드의 시간 t+1 광고 비용과 음의 상관 관계가 있는 것으로 나타났으며, 그 반대의 경우도 마찬가지이다. 즉, 브랜드 간의 경쟁 반응은 부정적이다. A 브랜드는 다른 브랜드가 광고비를 늘리는 것을 보고 광고비를 줄이는 경향이 있었다. 둘째, 장기간 광고 지출의 연쇄 반응도 확인했다. 이는 광고의 경쟁자-기여 효과에 대한 추정을 왜곡(특히 효과에 대한 저평가 결과)할 수 있는 브랜드 간의 부정적인 경쟁적 반응이 존재함을 의미한다.

〈표 3-3〉 광고에 대한 장기적 판매 탄력성

광고 충격	장기 판매 탄력성 (경쟁적 반응을 통제 안함)		장기 판매 탄력성 (경쟁적 반응을 통제함)	
	메이저	마이너	메이저	마이너
메이저	.282	−.086	.264	−.054
마이너	−.027	.337	.031	.272

참고: 장기간 판매 탄력성은 모든 유의미한 즉각적인 효과와 동적 효과의 총합이다.

〈표 3-4〉 브랜드 광고 지출간의 즉각적인 효과: VAR의 베타값들

	t시점에서 메이저 브랜드의 GRP 효과	t시점에서 마이너 브랜드의 GRP 효과
t+1 시점에서 메이저 브랜드 GRP에 대한	0.37	−0.05
t+1 시점에서 마이너 브랜드 GRP에 대한	−0.01	0.57

참고: GRP = gross rating point, 총 노출량

경쟁반응의 효과를 배제하고 광고의 순수한 경쟁자−기여 효과를 추출하기 위해서는 제한적인 정책 시뮬레이션을 이용할 필요가 있다. 〈표 3-3〉의 세 번째와 네 번째 열은 메이저(마이너) 브랜드 광고가 자체 및 마이너(메이저) 브랜드에 대한 장기 매출 효과를 각각 비교한다. 비록 경쟁반응이 있는 결과에 비해 규모는(각각 .282에서 .264로, −.086에서 −.054로) 감소했지만, 메이저 브랜드 광고의 장기 매출 효과는 여전히 이전의 일반적인 IRF의 결과와 일치했다. 그러나 마이너 브랜드의 광고는 이전 결과와는 달랐다. 특히 마이너 브랜드 광고가 메이저 브랜드에 미치는 장기 매출 효과는 유의하게 긍정적(.031)

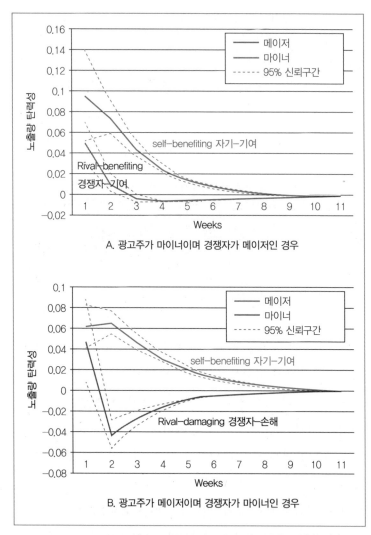

[그림 3-6] 경쟁적 반응의 효과가 제어될 때 광고에 대한 판매 탄력성

이었다. 요약하면, 메이저 브랜드의 광고는 라이벌(마이너 브랜드)의 매출에 부정적인 영향을 미치거나 손해를 입힌 반면, 마이너 브랜드의 광고는 라이벌(메이저 브랜드)의 매출에 긍정적인 영향을 주거나 이익을 얻었다.

이러한 비대칭 결과는 실제 시장에서 브랜드 전반에 걸친 광고의 경쟁자-기여 효과의 존재를 뒷받침한다. [그림 3-6]은 메이저 브랜드와 마이너 브랜드의 동적인 광고 효과를 보여 준다. [그림 3-6A]에서 볼 수 있듯이, 마이너 브랜드의 광고는 오랫동안 경쟁자 브랜드(메이저 브랜드)에게 이익을 줄 수 있으며(수평선 위의 밝은 회색 선 참조), 경쟁자 브랜드에 대한 피해는 상대적으로 적다(수평선 아래의 밝은 회색 선 참조). 반면, [그림 3-6B]에서 알 수 있듯이, 메이저 브랜드의 광고는 경쟁자 브랜드(마이너 브랜드)에 이익이 되지 않고 상당한 기간 동안 경쟁자 브랜드를 상대적으로 강력하게 손상시킬 뿐이다(밝은 회색 선 참조).

결론 및 시사점

실험연구 환경에서 경쟁자-기여 효과 영향을 미치는 요소로서, 경쟁 브랜드 상대가 마이너일 때 그 효과는 더 강했다. 따라서 전반적으로 마이너(메이저) 브랜드가 경쟁자-기여 효과로 인해 손해(혜택)를 입을(받을) 가능성이 더 높았다고 명시할 수 있다. 이 실험 결과는 경쟁자-기여 효과의 결정요인을 제시하기 때문에 이론적으로 의미가 있을 뿐만 아니라 브랜드 지위에 따른 효과와의 필요성을 내포하고 있어 실용적으로 유용하다. 경쟁사 광고 효과의 수혜 가능성이 높은 메이저 브랜드에게는 경쟁자-기여 효과가 긍정적인 현상이 될 것이다. 그에 반해서, 경쟁자-기여 효과는 광고가 경쟁자 브랜드에 이익이 될 가능성이 높은 마이너 브랜드에게는 부정적인 현상이 될 것이기 때문에, 이런 현상을 피하도록 하는 것이 좋겠다. 분명한 것은 경쟁자-기여 효과의 실질적인 적용을 이해하는 데 있어 브랜드 지위를 이해함이 필수라는 것이다.

실증연구에서는 경쟁자-기여 효과의 존재와 그 패턴을 확인했다. 이는 그 효과가 연구실험실에서만 감지(이진원, 송태호, 김상용, 2010)할 수 있는 가상적이거나 비현실적인 사건도 아니며, 오히려 생태학적 타당도 있는 실제 현상(Brewer, 2000)이라는 것을 나타낸다. 또한 그 효과는 광고주의 경쟁자 브랜드 위치에 따라 비대칭성이 있음을 입증하였다. 즉, 경쟁자 브랜드에 대한 광고 효과 측면에서, 광고주의 경쟁자 브랜드가 메이저 브랜드였을 때 경쟁자-기여 효과가 더 강하게 나타나서, 메이저 브랜드의 광고는 마이너 브랜드 매출에 악영향을 미쳤고, 전자의 매출은 후자의 광고 덕분에 이로움을 얻었다. 이는 이 연구에서 새롭게 제시된 바와 같이 경쟁자-기여 효과도 브랜드별 현상임을 재확인할 뿐만 아니라, 효과관리가 브랜드에 따라 달라져야 한다는 점을 재차 강조한다. 자신의 광고가 마이너 브랜드에게 경쟁자-기여 효과를 미칠 것을 걱정하지 않아도 되는 메이저 브랜드의 경우, 광고의 효과를 극대화하기 위해 자신과 경쟁자 간의 사이의 연상(association)을 더 강하게 만드는 것이 유리할 것이다. 이와는 대조적으로, 마이너 브랜드는 광고를 할 때 자신과 메이저 경쟁사 사이의 연상을 약화시키는 것을 유념하지 않는다면, 경쟁자-기여 효과로 인하여 자신의 광고가 원치 않는 효과를 내게 될 것이다.

〈기사〉
삼성·LG TV 전쟁이 불붙인 '창의적 광고' 경쟁

질의응답 형식을 빌리고, 착시를 이용해 단점을 체험케 하는 기법 등 동원

TV를 사이에 둔 삼성전자와 LG전자의 싸움이 치열합니다. TV 기술에서 시작한 설전은 연이은 '저격 광고'로 확대됐습니다. LG전자는 프로야구 플레이오프 결승인 한국시리즈에 광고를 집행하고, 삼성전자는 인스타그램·유튜브 등 온라인을 주 전장(戰場)삼아 '디스(힙합 뮤지션들이 서로를 비방하는 행위)전(戰)'을 펼치고 있습니다.

광고 내용을 전달하는 방식도 독특합니다. 상대방 제품을 직접 거론하지 않으면서도 '저격'이라는 점을 깨닫게 합니다. 질문과 답변 형식을 빌리거나, 착시를 이용해 단점을 체험할 수 있게 하는 등 창의적인 기법이 동원되고 있습니다.

Q. LED TV는 왜 두꺼운거죠?
A. 백라이트가 필요한 LCD TV니까요

[그림 3-7] 지난달 26일 LG전자가 공개한 '차원이 다른 LG 올레드 TV 바로알기 – Q&A편' 광고 / LG전자 유튜브 캡처 (기사 내 사진)

지난 9월 LED TV를 거론하는 광고로 선제공격에 나선 LG전자는 지난달 26일, 한층 공격적인 내용을 선보였습니다. '차원이 다른 LG 올레드 TV 바로알기 – Q&A편'이라는 제목의 이 광고는 질문과 답변(Q&A) 형식으로 삼성전자 TV를 저격합니다. 성우가 질문을 뜻하는 'Q'를 강조하며 "Q. LED TV는 왜 두꺼운 거죠?"라고 질문하면, 이어 "A. 백라이트가 필요한 LCD TV니까요."라고 답하는 식입니다.

삼성전자 TV 브랜드인 'QLED'를 직접 언급하진 않았지만, QLED를 연상할 수밖에 없도록 만든 창의적 광고입니다. 이 광고는 국내 최대의 광고전문 사이트 TV CF의 '크리에이티브(창의성)' 순위에서 최근 3개월간 방영된 광고 중 21위를 기록 중입니다. TV CF는 국내 광고인들 대다수가 이용하는 사이트로, 광고인 · 광고주 · 일반회원 평가로 순위를 매깁니다.

······〈중략〉······

[그림 3-8] '삼성 QLED TV: 번인체험 로고편' 광고에서 화면이
반전되는 모습/삼성전자 유튜브 캡처 (기사 내 사진)

삼성전자 '삼성 QLED TV: 번인체험 로고편' 광고는 지직거리는 영상으로 시작합니다. "TV 번인현상이라고 들어보셨나요? 못 들어보셨다구요? 지금 '경험'해 보세요"라는 문장과 함께 시작된 화면은 곧이어 검은색 바탕에 하얀 원이 그려진 모습으로 전환됩니다. 원 안에선 강렬한 타이포그래피와 함께 "TV번인이란, 큰맘 먹고 비싸게 산 TV가 채널을 돌렸더니 방송사 로고가 잔상처럼 계속 남아 있는 것"이란 문장이 이어집니다. 그 순간 배경 색상이 반전됩니다. 검은색이던 바탕이 백색으로 변하며 하얀색 원도 사라집니다. 시청자의 눈은 갑작스런 색상 전환에 적응하지 못하고, 하얀색 원이 있던 자리엔 검은 잔상이 남습니다. 실제 화면에선 원이 사라졌지만 시청자는 착시를 느끼는 것입니다. 백색 화면엔 단 한 문장만이 남아 있습니다. '마치 이런 느낌처럼' 영상으로 메시지를 전한다는 기존 광고의 한계를 넘어, 인간 신체구조를 이용해 번인으로 인한 잔상을 '체험'할 수 있게 한 아이디어입니다. 광고계는 폭발적인 반응을 보이고 있습니다. 광고인들은 '멋진 타이포그래피로 초반 광고 몰입도가 높다.' '이 현상을 경험해 봤을 수

있다는 생각이 들게 한다.' '정보 전달에 머물지 않고 소비자가 번인을 경험

하게 해 주는 방식으로 메시지를 전달한다. 혁신적이다.'라는 평가를 내놨

습니다. TV CF 크리에이티브 순위는 LG전자보다 높은 10위입니다.

……〈하략〉

https://biz.chosun.com/site/data/html_dir/2019/11/05/2019110503249.

html?utm_source=urlcopy&utm_medium=share&utm_campaign=biz

〈윤민혁 기자, 조선비즈(2019. 11. 6.)〉

04
소셜미디어 광고:
어떻게 해야 좋을까

김다연(고려대학교 경영학과 강사)

이 장에서는 『Asia Marketing Journal』에 게재되었던 Gao, Kim, Kim과 Lee(2019)의 연구 결과를 소개한다. 이들은 중국에서 명품 브랜드가 진행하는 소셜미디어 광고를 대상으로 하여, 광고의 시각적 구성 방식(visual type; pictorial or video)과 콘텐츠 제시 방법(content type; website link or hash-tag)에 따라 광고의 효과가 달라진다는 것을 보여 준다. 특히 소셜미디어 광고를 할 때 시각적 유형과 콘텐츠 유형을 어떻게 활용하는 것이 좋은지 그 방법을 확인하기 위해, 여러 유형의 소셜미디어 광고가 소셜 검색(social search)에 미치는 장기적 영향(long-term effect)을 추정할 수 있는 시계열 모형을 제안한다.

우리의 일반적인 상식에 부합하는 기존 연구들과는 다르게,

중국에서는, 그림 광고(pictorial ads)가 영상 광고(video ads)보다 더욱 효과적인 유형의 광고라는 것을 확인할 수 있었다. 또한, 검색 기능의 효율성이 높다는 측면에서 해시태그를 활용한 광고가 웹사이트 링크를 활용한 광고보다 효과적임을 확인하였다. 게다가 명품 브랜드 위신 하락과 같은 우려와는 달리, 명품 브랜드의 소셜미디어 광고는 고객 구전 행동과 향후 소셜 검색에도 긍정적인 영향을 주었다.

다음 그림은 CHANEL이 Weibo 브랜드 공식 팬 계정에 게시한 그림 광고(왼쪽)와 영상 광고(오른쪽)의 실제 예시를 보여 준다. 각 광고는 그림 혹은 영상과 같은 시각적 구성 방식이 다를 뿐 아니라, 광고 콘텐츠를 제시하는 방법 또한 다르다. 각 게시글에 포함되어 있는 아이콘은 각각 웹사이트 링크, 해시태그, 영상의 포함 유무를 보여 준다. 웹사이트 링크가 있는 광고의

[그림 4-1] Weibo에서의 그림 광고와 영상 광고의 사례

출처: CHANEL의 Weibo 공식계정(https://weibo.com/chanel)

04 소셜미디어 광고: 어떻게 해야 좋을까

경우, 소비자가 해당 링크를 클릭해 브랜드가 업로드한 사이트로 이동해야만 광고의 상세 콘텐츠의 내용을 확인할 수 있다. 반면, # 기호를 활용해 직접 게시글에 광고 내용을 기재한 해시태그의 경우 짧고 간략하지만, 다른 사이트로의 이동 없이 한눈에 광고 콘텐츠를 제시한다는 차이가 있다.

연구를 위한 두 가지 모델링 접근법에 대한 개념적 틀은 [그림 4-2]에 있다. 제4장의 세 가지 주요 변수는 광고의 시각적 유형, 콘텐츠 유형, 브랜드 팬 수 등이다. 이 연구의 분석을 위한 1단계 모델에서는, 소셜미디어 광고의 맥락에서 이 세 변수가 광고에 대한 소비자의 관심에 어떠한 영향을 미치는지를 확인한다. 또한 우리는 광고가 게재되는 기간과 브랜드 카테고리를 통제변수로 활용한다. 이어서 2단계에서는 광고에 대한 소

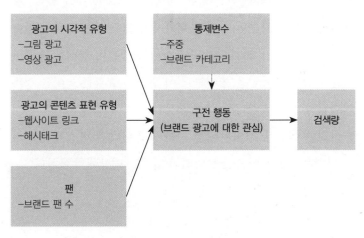

[그림 4-2] 연구의 개념적 틀

비자의 관심이 소셜미디어 검색량(search volume)에 어떤 영향을 미치는지 파악한다.

광고의 시각적 유형

Huang, Xiao, Sun과 Xu(2010)의 이전의 연구들은 광고 효과 면에서 그림 광고(pictorial ads)와 영상 광고(video ads) 간 차이가 있다는 점을 강조한다. 그림 광고는 사진, 배너, 이미지 등을 주로 활용하고, 영상 광고는 움직임이 있는 애니메이션 등을 주로 활용하는 광고를 말한다. 이러한 두 유형의 차이는, 광고를 구성하는 이미지 등이 생생하게 느껴질 때 광고의 효과가 높아진다는 측면에서 볼 때, '생동감(vividness)'에 있다. 광고의 생동감은 보는 사람의 관여와 흥분을 높이는 효과가 있다(Fortin & Dholaki, 2005). 따라서 소비자의 관여 형성에 중요한 역할을 하는 생동감을 높이는 것이 광고의 효과를 높이는 것과 연결될 수 있다.

이러한 이유로 소비자에게 자사 제품이나 서비스를 광고하는 기업들은 물론이고 소셜미디어 업계도 영상에 주목한다.

<기사>

동영상 서비스로 진화하고자 하는 소셜미디어 대표주자, Facebook

페이스북 "모바일 소통에도 동영상이 대세"

〈전략〉……

1일 한국을 방문한 페이스북 크리에이티브숍 총괄 마크 달시 부사장은 "사람들을 연결하는 방식으로 동영상이 더 많이 쓰일 수밖에 없다"며 "기업들도 자신들의 제품을 소개하거나 브랜드를 잘 알리기 위해 모바일에 최적화된 영상을 많이 활용하게 될 것"이라고 강조했다.

……〈중략〉……

실제로 페이스북은 동영상 소셜네트워크서비스(SNS)로 진화하고 있다. 글이나 사진을 공유하는 것에서 나아가 페이스북 라이브라는 서비스를 통해 누구나 영상을 공유하고 영상에 대한 의견을 교환할 수 있다. 기업들도 영상을 활용한 광고를 지속적으로 페이스북에 노출하고 있다. 동영상에 특화된 스냅챗과 스노우 등을 지속적으로 인수하려고 시도하는 것만 봐도 페이스북이 동영상 콘텐츠에 거는 기대가 상당하다는 점을 알 수 있다.

……〈하략〉

https://www.fnnews.com/news/201611011357140105

〈허준 기자, 파이낸셜뉴스(2016. 11. 1.)〉

영상 광고는 그림 광고와는 달리 시각뿐만 아니라 청각까지 자극한다는 점에서 광고를 보는 사람들의 깊은 감각적 차원을 자극한다. 또한 영상 광고는 그림 광고에 비해 여러 이미지를 생동감 있게 전달한다. 이러한 맥락에서 TV나 인터넷의 영상 광고는 가장 감각적인 유형의 광고인 것으로 밝혀졌으며, 다른 유형의 광고들보다 사람들의 관심을 효과적으로 끌고 있다 (Coyle & Thorson, 2001). 이와 같은 연구들에 따라, 소셜미디어를 통한 영상 광고 또한 강력한 생동감을 바탕으로 광고를 보는 사람에게 보다 긍정적인 사용자 경험을 창출할 것이라고 제안할 수 있겠다. 결과적으로 소셜미디어를 통한 마케팅 측면에서 그림 광고보다 영상 광고가 더욱 매력적이고 효율적인 수단이 될 수 있음을 가정할 수 있다.

광고의 콘텐츠 표현 유형

소셜미디어 광고 콘텐츠를 구조화하는 방법 또한 브랜드 혹은 광고에 대한 태도 등에 영향을 미치는 중요한 요소가 될 수 있다. 콘텐츠를 어떻게 구성해야 하는가에 대한 고찰은 소셜미디어의 특성과 연결하여 생각할 필요가 있다. 소셜미디어의 대표적인 특성은 상호작용성(interactivity)이라고 볼 수 있다. 소셜미디어 콘텐츠의 상호작용성이란 링크, 채팅 기능 등의 상호작용이 가능한 특징들이 존재하여, 사용자가 그들의 의견을 제시하거나 메시지를 통제하고 수정할 수 있는 능력을 발휘할 수 있는 것을 이야기한다(Steuer, 1992). 이와 같은 맥락으로 소셜미디어 광고의 상호작용성 또한 긍정적인 결과를 창출한다. 예를 들어, 높은 상호작용성은 광고를 보는 사람의 이해도를 높이며(Macias, 2003), 정보처리의 활성화나 광고에 대한 선호도를 높이기도 한다(Sicilia, Ruiz, & Munuera, 2005). 나아가 상호작용성의 증가는 광고 참여도의 증가와 관련되기도 한다(Fortin & Dholakia, 2005). 따라서 소셜미디어 광고의 콘텐츠 표현 유형 측면에서 상호작용성을 높이는 방법을 모색해 볼 필요가 있다.

콘텐츠 유형에 대한 기존 연구들은 콘텐츠를 전달하기 위해 활용하는 웹사이트 링크(website link)의 효과에 초점을 맞췄다(Fortin & Dholakia, 2005; Kruikemeier, Van Noort, Vliegenthart, & De Vreese, 2013). 그러나 소셜미디어의 확산과 더불어 웹 링크보다는 검색 확장성이 넓고 활용이 쉬운 해시태그(Hash-tag)를 사용하여 콘텐츠를 업로드하는 이용자가 늘고 있다. 따라서 우리는 광고의 효과성 측면에서 해시태그와 웹 링크의 효과를 비교하는 것에 함의가 있다고 판단한다. 해시태그는 웹 링크에 비해 정보 검색의 편의성이 뛰어나 고객들의 상호작용을 촉진한다는 장점이 있다. 구체적으로, 소셜미디어에서 웹 링크는 그 자체로 정보전달의 역할을 하긴 하지만, 사람들이 올린 다양한 게시물과 게시물을 연결하지 못한다는 단점이 있다. 반면 해시태그의 경우, 만일 사용자가 특정 주제나 단어를 검색하였을 때, 그 결과로 한 가지 게시물만 확인할 수 있는 것이 아니라 동일한 해시태그를 포함하고 있는 여러 사람들이 작성한 많은 게시물을 한꺼번에 확인할 수 있다. 즉, 원하는 주제나 단어에 대해 집중적으로 검색할 수 있도록, 여러 게시물을 한꺼번에 수집하여 보여 준다는 점에서 사용자의 몰입도를 높인다. 해시태그의 또 다른 장점은 브랜드뿐만 아니라 일반 사용자가 만든 콘텐츠(user-generated contents)를 수집하기에도 편리하다는 점이다. 때문에 이는 소비자의 온라인 콘텐츠 제작과 커뮤니티 형성을 도울 수도 있다. 따라서 광고 콘텐츠를 표현할 때, 웹 링크를 활용하는 것보다 해시태그를 활용하는 것이 고객의 관심을 높이는 데 도움을 줄 것이다.

〈기사〉

해시태그 마케팅

"브랜드에 '#해시태그'를 심어라"

기업·브랜드가 해시태그 마케팅을 펼친 건 어제 오늘 일이 아니다. 대표적인 소셜 네트워크 서비스(SNS) 트위터·페이스북·인스타그램을 사용하는 사용자가 꾸준히 증가하면서 해시태그 마케팅은 유효한 디지털 마케팅 수단으로 자리 잡았다.

샵(#) 기호에 원하는 키워드를 붙여 게시물을 유통하는 해시태그 마케팅의 가장 큰 목적은 입소문(바이럴) 효과이다. 이용자들은 더 이상 브랜드가 만들어낸 콘텐츠에 '좋아요'를 누르거나 공유에만 그치지 않는다. 브랜드가 이용자들에게 공감할 수 있는 메시지를 전달하거나 프로모션과 같은 이벤트가 열릴 경우 이용자의 참여는 더욱더 적극적이다.

그런 측면에서 해시태그는 이용자의 참여를 이끌어내면서 브랜드와 이용자가 상호 소통할 수 있는 역할을 하고 있다. 미국의 시장조사기관 심플리 메쥬어드(Simply Measured)에 따르면 해시태그를 하나라도 사용한 게시물이 해시태그가 없는 경우보다 참여율이 12.6% 더 높다고 밝혔다.

……〈하략〉

https://www.fnnews.com/news/201806211340514964

〈정용부 기자, 파이낸셜뉴스(2018. 6. 23.)〉

브랜드 팬 수

'브랜드 팬 수'는 브랜드가 운영하는 소셜미디어 페이지의 브랜드 프로필에 명시되어 있는 브랜드 팔로워 수를 말한다. 기존 여러 연구들은 소셜미디어상 브랜드 팬들의 힘을 보여 주었다. 예를 들어, 트위터에서 브랜드 페이지의 팬 수는 브랜드가 업로드한 트윗에 대한 리트윗(retweeting) 수를 예측할 수 있는 중요한 변수이다(Kim, Sung, & Kang, 2014). 또 다른 연구는 페이스북에서 브랜드 페이지를 팔로우 하는 경우, 그렇지 않은 이용자보다 브랜드의 이벤트, 제품, 서비스에 관한 정보에 더욱 만족하는 경향이 있다는 것을 보여 주었다(Pereira, de Fátima Salgueiro, & Mateus, 2014). De Vries, Gensler와 Leeflang(2012)

은 브랜드 팬이 브랜드 인기의 선행변수라는 점을 밝힌 바 있다. 브랜드 팬들은 어떠한 조건이 없더라도 자발적으로 브랜드가 공개적으로 업로드한 게시글을 클릭하고 검색하며, 브랜드 및 그들의 게시물과 소통하고자 한다. 따라서 브랜드 팬 수의 증가는 자연스럽게 브랜드에 대한 관심으로 이어질 것이다.

브랜드 관심과 소셜 검색량

브랜드를 향한 관심이 높을수록 해당 브랜드에 대해 검색할 가능성이 높다는 연구 결과가 있다. Machleit, Madden과 Allen(1990)은 높은 브랜드 관심도는 소비자로 하여금 브랜드 관련 정보를 더 많이 검색하도록 유발하며, 나아가 브랜드 시도(brand trial)를 이끈다고 언급한다. 다시 말해, 브랜드에 대한 관심이 높아질 경우 소비자가 브랜드 정보를 더욱 활발히 검색하게 되고, 그 브랜드를 이용하거나 평가해 보고자 하는 의사로도 연결된다는 것이다.

그러나 브랜드에 대한 고객의 관심과 검색량의 관계에 대한 경험적 연구는 대부분 TV 광고에 대한 연구만이 주를 이룬다. 예를 들어, Joo, Wilbur와 Zhu(2016)는 TV 광고가 고객들의 브랜드에 대한 콘텐츠 검색 의도를 높이는 것을 실증적으로 확인하였다. 게다가 TV광고를 실시한 이후 검색 행동 사이의 관

04 소셜미디어 광고: 어떻게 해야 좋을까

계는 몇 시간 동안 지속되었다. 특히 Hill, Nalavade와 Benton (2012)의 연구에 따르면 광고 시청 후 검색 행동 간 관계에서, 최근에 검색을 한 경험이 없는, 즉 드물게 검색하는 사람들의 이월 효과는 거의 없거나, 90%의 경우 2시간 이내로 끝나는 경향이 있었다. 반면, 검색을 자주 하는 사람들은 최대 13시간에 달하는 긴 기억의 이월 효과를 가지고 있었다.

앞서 언급한 바와 같이, 이와 같은 이월 효과(carry-over effects)에 대한 연구의 대부분은 TV 광고 영역에만 국한되어 있었으며, 소셜미디어 광고(social advertising)의 이월 효과에 대한 연구는 이루어진 바 없었다. 따라서 우리는 소셜미디어 광고의 이월 효과 또한 경험적 증명이 가능하다고 판단하여, 소셜미디어 광고로 인한 브랜드 관심은 소셜 검색(social search)량을 증가시킴을 기대한다.

데이터

이 연구를 위한 데이터는 중국의 가장 큰 소셜미디어 플랫폼인 Sina Weibo에서 수집되었다. 2009년 7월 중국 정부가 Twitter와 Facebook의 중국 내 접속을 차단하면서, 많은 중국인은 주로 페이스북과 비슷한 소셜미디어인 Sina Weibo를 적극 이용하고 있다. 실제로 오늘날 Sina Weibo와 같은 온라인 소셜미디어 서비스는 중국의 젊은이들이 정보를 수집하고 친구를 사귈 수 있는 주요 플랫폼 역할을 한다(Yu, Asur, & Huberman, 2011). 심지어 이러한 소셜미디어는 중국 인터넷 문화의 필수적인 부분으로 간주된다. 중국인들은 포럼, 블로그, 소셜미디어 플랫폼을 사용하여 정보를 공유하고 관점을 교환하는 등의 활동을 적극적으로 하는 편이다. Sina Weibo는 단순히 게시물을 올리는 기능을 제공하는 데 그치지 않고, 타인과 음악과 비디오를 공유하고, 사진 앨범을 만들고, 게임을 하는 등의 기능을 제공한다. 또 이용자들은, Sina Weibo를 통해 다른 사람의 트윗을 전파하는 것뿐만 아니라 리트윗을 통해 다른 사람의 트윗에 대해 이야기를 나누는 등 커뮤니케이션 수단으로 적극 활용하고 있다.

〈표 4-1〉 브랜드 카테고리별 데이터 자원

패션 브랜드	화장품 브랜드	주얼리 브랜드	시계 브랜드	자동차 브랜드
CHANEL	Guerlain	Cartier	Piaget	Lamborghini

이러한 이유로 Sina Weibo는 중국 내 강력한 마케팅 수단으로 주목받고 있다. 때문에 Sina Weibo 데이터는 우리가 중국 시장에서 소셜미디어 광고의 효과를 추정하는 데 적합하다고 볼 수 있다. 2016년 8월 1일부터 11월 30일까지 Weibo에서 자사 브랜드 팬 페이지에 활발하게 콘텐츠를 올린 5개 분야 유명

명품 브랜드의 데이터를 수집 대상으로 하였다. 이 브랜드들은 세계명품협회가 선정한 TOP 10 브랜드에 속할 정도로 명성이 높다. 연구에 활용한 5개 브랜드의 목록은 〈표 4-1〉에 제시되어 있다.

연구에 활용한 5개 브랜드가 Weibo에서 운영하고 있는 브랜드 팬 페이지는 [그림 4-3]과 같다. 평균 150만 명 이상의 브랜드 팬을 보유하고 있으며, 중국 소비자의 취향을 고려하여 주로 붉은색, 황금색을 중심으로 팬 페이지를 구성하였다. 특히 Weibo는 브랜드 팬 페이지에 푸른색으로 공식 브랜드 계정임을 증명(official certification)할 수 있는 표식을 부여한다. 중국 소비자들은 Weibo에서 관심 있는 브랜드의 광고를 볼 수 있을 뿐 아니라, 인증 받은 공식 계정이 운영하는 라이브 방송을 보며 실시간으로 댓글을 남길 수도 있으며, 메시지 전송 등을 통

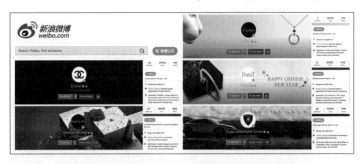

[그림 4-3] 5개 브랜드의 Weibo 브랜드 팬페이지

왼쪽 상단부터 CHANEL, Guerlain, 오른쪽 상단부터 Cartier, Piaget, Lamborghini 공식 계정

출처: Weibo.com의 각 공식 계정 사이트

데이터

하여 소통할 수도 있다.

소셜미디어 광고가 고객 관심에 미치는 영향을 살펴보기 위해 '좋아요 수' '클릭 횟수' '브랜드 게시물에 대한 팬 수' 등 온라인 고객 데이터들을 수집하였다. 이 연구의 데이터는 광고가 갖는 기본 정보인 광고의 시각적 유형(사진 혹은 영상 광고)과 광고 콘텐츠 표현 방법(웹 사이트 링크 혹은 해시태그) 등의 정보를 포함한다. 한편, 표본 선택 편향(sample section bias)을 유발시키는 이벤트 프로모션 게시물을 데이터에서 배제하였는데, 이벤트 프로모션은 소셜미디어 사용자의 관심을 갑작스럽게 끌 수 있기 때문에 추가적 분석을 통해 제외하였다(De Vries et al., 2012).

모델링 접근 방식

광고 실행 방법이 브랜드 관심에 미치는 영향

이 연구는 다양한 광고 실행 방법(예: visual type, presentation of contents)의 효과에 대한 계량적 분석을 실시하고 그 결과를 확인하는 것을 목적으로 한다. Gao 등(2019)의 연구 모형은 De Vries 등(2012)의 모델링 접근 방식에서 착안하였으며, 광고 실행 방법 등이 광고에 대한 관심에 어떠한 영향을 미치는지 확인하고자, 시간 단위 t마다 매주 측정하였다. 분석을 위한 모형은 다음과 같이 표현할 수 있다.

$$y_{ijt} = \alpha + \exp\left(\sum_{i=1}^{3}\beta_i T_{ijt} + \sum_{i=1}^{3}\lambda_i C_{ijt} + \theta \ln fn_t + \delta_I I_{jt} + \delta_W W_{jt}\right) + \varepsilon_{ijt} \qquad (1)$$

- y_{ijt}: y_{1jt} or y_{2jt} or y_{3jt}: 브랜드에 대한 관심이라고 할 수 있는 소셜미디어 이용자들의 구전(WOM: Word of Mouth) 행동, 시간 t에 광고 게시물 j당 공유·댓글·좋아요 수로, 포아송 분포(Poisson distribution)를 따르는 가산 자료 (count data, Cameron & Trivedi, 2005).
- T_{ijt}: 더미변수, 시간 t에 광고 게시물 j의 시각적 유형(그림 혹은 영상)의 존재 여부(Baseline is no pictorial, Baseline is no video respectively)
- C_{ijt}: 더미변수, 시간 t에 광고 게시물 j의 콘텐츠 유형(웹사이트 링크, 해시태그)의 존재 여부(Baseline is no website link, Baseline is no hash-tag respectively)
- fn_t: 시간 t에서 브랜드 팬 수
- I_{jt}와 W_{jt}: 통제변수, 브랜드 카테고리와 주중 광고일 수 (Weekdays).

통제변수

우리는 브랜드 카테고리와 주중 광고일 수를 통제변수로 활용하였다. 기존 연구들에서 사람들이 평일에 비해 주말에는 인터넷 검색을 덜 하는 경향이 있다는 것을 보여 주었기 때문이다(Rutz & Bucklin, 2011). 따라서 주중에 광고를 실시하는 날짜의 수가 브랜드 광고에 대한 관심에 영향을 미치는 요인이 될 수 있다.

또한 브랜드 카테고리에 따른 눈에 띄지 않는 특성(unobserved characteristic)이 광고 게시물 간 차이를 발생시킬 수도 있다. 이에 이 연구에서는 브랜드 카테고리(패션, 화장품, 주얼리, 시계, 그리고 자동차 브랜드) 또한 통제변수로 활용하였다.

검색량에 대한 이월 효과

브랜드에 대한 관심이 해당 브랜드 검색량에 미치는 이월효과(carryover)를 입증하기 위해 시차분포모델(distributed-lag model)을 이용하였다. Almon(1965)의 모델링 접근방식을 활용한 모델을 적용하여 브랜드의 소셜미디어 광고에 대한 이용자들의 관심이 브랜드 검색량에 미치는 영향을 설명할 수 있기 때문이다. 검색량은 브랜드 게시물에 대한 조회 수로 측정된다. 앞서 언급한 브랜드에 대한 관심(광고 게시물 당 공유 · 댓글·좋아요 수)은 '자발적으로 자신의 의견을 표하는 고객의 행동'을 말하며, 조회수란 '익명으로' 브랜드 게시물을 검색하고 조회해 보는 고객의 행동을 가리킨다. De Vries 등(2012)은 검색량(예: click and view on the content)이 브랜드에 대한 관심의 후행변수라는 것을 검증하였다. 이들에 따르면, 고객의 브랜드에 대한 관심이 높아지면 브랜드의 다른 게시물을 클릭할 가능성이 높아지고, 게시물의 콘텐츠를 읽게 된다고 한다. 따라서 이 연구는 모형 (2)를 통해 브랜드 관심도와 관련된 이용자들의 구전(WOM) 행동과 검색량 간 관계를 조사한다.

$$SV_t = \alpha_t + \left(\sum_{i=o}^{n} \gamma_1 y_{1t-i} + \sum_{i=o}^{n} \gamma_2 y_{2t-i} + \sum_{i=o}^{n} \gamma_3 y_{3t-i} + \sum_{i=o}^{n} \gamma_4 f n_{t-i} \right) + \varepsilon_{i,t} \qquad (2)$$

- SV_t : 시간 t에서 브랜드의 일일 검색량
- y_{1t-i}: 시간 $t-i$에서 일일 공유 수
- y_{2t-i}: 시간 $t-i$에서 일일 댓글 수
- y_{3t-i}: 시간 $t-i$에서 일일 좋아요 수
- fn_{t-i}: 시간 $t-i$에서 브랜드 팬 수

모형추정 결과

모형 (1)의 추정 결과는 〈표 4-2〉에서 확인할 수 있다. 앞서 고객의 브랜드에 대한 관심이라고 할 수 있는 광고에 대한 반응(customer's WOM behavior)에 영상 광고가 그림 광고보다 더욱 효과적이라고 제시하였다. 그러나 〈표 4-2〉에서 보여지는 바와 같이, 이는 지지되지 않았을 뿐 아니라 오히려 정반대의 결과가 나타났다(Share: $\beta_{pictorial}=1.359, \beta_{video}=1.391$, $p<0.01$; Comments: $\beta_{pictorial}=1.197, \beta_{video}=0.891$, $p<0.01$; Likes: $\beta_{pictorial}=0.858, \beta_{video}=0.649$, $p<0.01$).

이와 같이 예상치 못한 결과가 나온 이유는, 중국 정부의 검열로 인해 중국 내 인터넷 이용 속도가 느려진 점에서 비롯되었을 것으로 짐작된다(Normile, 2017). 검열 과정에서 대체로 국제 IP주소를 포함하는 플랫폼을 통해 공유되는 비디오나 음악, 온라인 게임 콘텐츠들이 차단되기 때문에, 이에 해당하는 내용을 포함하고 있는 영상 광고의 경우 접속 속도가 매우 느려 오히려 중국 소비자의 불만족을 초래한 것이다(Taneja & Wu 2014).

04 소셜미디어 광고: 어떻게 해야 좋을까

〈기사〉
중국 정부의 인터넷 검열 강화

'21C 新 만리장성' 인터넷 통제, VPN 우회도 막는다

인터넷상의 新 만리장성이 중국을 해외로부터 단절시키고 있다. 앞으로 중국 정부의 인터넷 검열은 더욱 거세질 전망이다. 해외 여러 외신들은 6일 (이하 한국시간) "중국 정부가 7월 1일부터 안드로이드 및 앱 스토어 마켓에서 더 이상 VPN 앱 서비스를 제공하지 않기로 했다."고 보도했다. 실제로 중국 내 인기 VPN 서비스 제공업체인 그린(Green)은 "중국 정부 당국의 공지에 따라 2017년 7월 1일부로 서비스를 중단하게 되었다."고 밝히기도 했다. 중국 정부 당국은 지난 1월 22일, 2018년 3월 31일까지 전국의 정보통신망 서비스 제공업체들을 대상으로 규제를 강화하겠다고 밝혔다. 중국 정부 당국은 '사이버공간의 정보보안관리 강화'를 이유로 허가 받지 않은 방법으로 해외 사이트에 접속하는 것을 금지한다고 밝힌 바 있다. 이른바 중국 정부의 인터넷 만리장성 '그레이트 파이어월(Great firewall)'을 우회하여 차단된 해외 사이트에 접촉하는 행위를 원천 봉쇄하려는 것이다.

그레이트 파이어월은 중국의 인터넷 검열, 보안 등을 총칭하는 개념으로 2002년 찰스 스미스(Charles Smith)가 처음으로 사용했다. 그레이트 파이어월은 중국 본토 내부서 IP 주소나 키워드를 기반으로 해서 접속 가능한 웹사이트를 제한하고 특정한 내용을 담은 게시물을 삭제하며, 일반적인 웹페이지뿐만 아니라 메일, 게임, 문자메시지 등 인터넷상 모든 것을 검열하는 시스템이다. 그레이트 파이어월을 통해 중국 정부는 본토서 페이스북, 트위터, 구글 등을 차단하고 있었다. 중국인들은 국제적인 사이트에 접속하

광고 콘텐츠를 보여 주는 방법에 대해서는, 예상했던 바와 같이, 해시태그는 광고 게시물을 공유한 수와 유의한 관계가 있는 것으로 나타났다($\beta\lambda_{hashtag}$=0.442, $p < 0.01$). 그러나 해시태그의 사용은 고객의 댓글 수와 좋아요 수에는 유의미한 영향을 미치지 않았다. 아울러 브랜드 팬의 수는 세 가지 구전행동 모두에 긍정적인 영향을 준다는 사실을 확인하였다 (Share: θ_{fan}=0.339, $p < 0.01$; Comment: θ_{fan}=0.688, $p < 0.01$; Likes: θ_{fan}=0.968, $p < 0.01$).

<표 4-2> 브랜드에 대한 관심(공유, 댓글, 좋아요 수) 추정 결과

		Brand Interest		
		Shares	Comments	Likes
Advertisement Visual Types	Pictorial	1.395***	1.197***	0.858***
	Video	1.391***	0.891***	0.649***
Advertisement Presentation of Contents	Website Link	−0.123***	−0.361***	−0.421***
	Hash−tag	0.442***	0.073	0.046
Fans	Ln(fans)	0.339***	0.688***	0.968***
Control Variables	Weekdays	−0.173	−0.243	−0.226
	Brand categories			
	− Fashion	−0.352	0.013	−0.400
	− Cosmetics	1.853***	0.813***	0.318
	− Jewelry	−1.064***	−0.376	−1.395***
	− Watch	−0.463	0.013	−0.742
	− Car	2.462***	1.709***	3.459***
Constant		6.226	−7.735	−8.648
R^2		0.496	0.624	0.574
Adj. R^2		0.486	0.616	0.565
Root MSE		1.487	1.142	0.910
F−value		50.70	85.51	69.43

Notes: *** $p < .01$

모형 (2)의 추정 결과는 〈표 4-3〉에 제시되어 있다. 우리는 모형 (2)를 통해 모든 브랜드 카테고리에 걸친 광고 게시물이 검색량에 미치는 이월 효과를 중점적으로 확인하고자 하였다.[1] 이 방법을 사용하면 trace statistic에서 유의한 값으로 지연 길이(lag length) 지점을 보다 엄격하게 확인할 수 있다. 해당 결과는 〈표 4-4〉에서 확인할 수 있다. 분석 결과, 브랜드(제품종류)별로 차이는 있지만 대체로 2~4일간 이월 효과가 소셜미디어 광고에서도 확인되었다. 이는 기존 TV 광고에서 보인 2~13시간의 이월 효과보다 확연히 긴 시간이다.

---

1) 우리는 최대 지연 거리(maximum lag length)를 계산하기 위하여 적정 시차 검정 (lag-order selection statistics method)을 수행하였다. 또한 가장 신뢰할 수 있는 적정 시차를 확인하기 위하여 final prediction error (FPE), Akaike's information criterion (AIC), Schwarz's Bayesian information criterion (SBIC) 그리고 Hannan and Quinn information (HQIC)과 같은 여러 정보 기준을 함께 활용하여 결과를 비교하였다. 만약 정보 기준이 서로 다른 값을 보이는 등 시계열 불안정한 결과를 보일 경우, 요한슨 검정(Johansen procedure)을 통해 trace test를 실시하여, 시계열 사이의 공적분의 존재를 확인하는 공적분 검정을 실시해 볼 수 있다. 공적분 검정이란 비록 둘 이상의 변수들이 불안정하다고 하더라도, 둘 이상 변수들의 선형 결합이 안정적인지의 여부를 검정하는 것이다. 특히 요한슨 공적분 검정 방식(Johansen cointegration test)은 VAR 모형에 대한 가설검정을 통해 벡터 시계열 구성 변수 간 공분산 벡터를 추정할 수 있으며, 이를 통해 적분계열 간 안정적인 장기 균형관계가 존재하는지를 점검하는 방법이다(Dutta, Haider, & Das, 2017). 요한슨 공적분 검정의 귀무가설은 공적분 벡터의 수가 없다(there is no co-integrating vector, Y > 1)이며, 대립가설은 하나 혹은 그 이상의 공적분 벡터가 유의한 수준에서 존재한다(one or more co-integrating vectors, Y > 1))이다(Dutta, Haider, & Das, 2017).

〈표 4-3〉 Weibo에서의 검색량 추정 결과

	lag	LL	LR	df	p	FPE	AIC	HQIC	SBIC
CHANEL	0	-5840.36				7.3e+36	99.074	99.1216	99.1914
	1	-5428.26	824.22	25	0.000	1.0e+34	92.5128	92.7988	93.2172
	2	-5377.34	101.83	25	0.000	6.7e+33	92.0735	92.5979	93.365
	3	-5358.25	38.179	25	0.000	7.4e+33	92.1737	92.9364	94.0521
	4	-5240.92	234.65*	25	0.000	1.6e+33*	90.6089*	91.6099*	93.0743*
Guerlain	0	-5204.01				1.5e+32	88.2884	88.336	88.4058
	1	-4727.94	952.14	25	0.000	7.3e+28	80.6431	80.9291*	81.3475*
	2	-4695.19	65.507	25	0.000	6.4e+28	80.5117	81.036	81.8031
	3	-4656.69	76.995	25	0.000	5.1e+28	80.2829	81.0456	82.1613
	4	-4619.58	74.231*	25	0.000	4.2e+28*	80.0775*	81.0786	82.543
Cartier	0	-5069.59				1.6e+31	88.2884	86.0101	86.0577
	1	-4843.93	451.33	25	0.000	5.2e+29	80.6431	82.609	82.895
	2	-4755.76	176.33	25	0.000	1.8e+29*	80.5117	81.5384*	82.0627*
	3	-4732.79	45.938*	25	0.000	1.9e+29	80.2829	81.5728	82.3355
	4	-4723.33	18.926	25	0.000	2.4e+29	80.0775*	81.8361	82.8372

모형추정 결과

Piaget	0	-5257.24				3.7e+32	89.1905	89.2382	89.3079
	1	-4939.21	636.07	25	0.000	2.6e+30*	84.2239*	84.5099*	84.9283*
	2	-4933.38	11.664	25	0.989	3.6e+30	84.5488	85.0731	85.8402
	3	-4907.4	51.951*	25	0.001	3.6e+30	84.5322	85.2949	86.4106
	4	-4898.53	17.737	25	0.853	4.7e+30	84.8056	85.8067	87.2711
Lamborghini	0	-4157.25				3.0e+24	70.5465	70.5942	70.6639
	1	-3850.46	613.58	25	0.000	2.5e+22	65.7705	66.0565*	66.4749*
	2	-3822.31	56.294	25	0.000	2.4e+22*	65.7171*	66.2415	67.0085
	3	-3813.18	18.258	25	0.831	3.2e+22	65.9861	66.7488	67.8645
	4	-3791.87	42.629*	25	0.015	3.4e+22	66.0486	67.0496	68.514

〈표 4-4〉 브랜드별 이월 효과: Weibo에서의 검색량 추정 결과

브랜드	CHANEL	Guerlain	Cartier	Piaget	Lamborghini
이월 효과	4일	4일	3일	3일	2일

04 소셜미디어 광고: 어떻게 해야 좋을까

결론 및 시사점

소셜미디어의 그림 광고와 영상 광고 모두 고객의 구전 행동에 긍정적 영향을 미친다. 비록 중국이라는 환경적 특성에 기인하는 것일 수도 있으나, 경험적 연구 결과는 영상 광고가 그림 광고보다 고객 구전 행동을 향상시키는 데 반드시 더 효과적인 방법은 아니라는 것을 보여 준다. 특히 제4장에서는 고객들로부터 감정적인 참여를 이끌어내는 것이 매우 중요한 명품 브랜드라는 맥락에서 소셜미디어 광고가 고객의 브랜드 관심에 어떤 영향을 주는지에 초점을 맞추었다. 명품 브랜드 시장에서는 광고에도 브랜드의 외적 가치를 접목한 상징적 의미를 반영하여야 하며, 이를 통해 고객에게 명품 브랜드만의 고유 속성을 전달하고 정서적 애착을 갖게 해야 한다(Theng, Grant Parsons, & Yap, 2013). 광고는 소비자의 구매결정을 위한 정보원으로 작용할 수 있기 때문에, 기업은 시각적 표현 방식은 물론이고 광고에 브랜드 가치를 담는 최적의 방법을 찾고자 끊임없이 노력한다(Karakaya & Barnes, 2010). 이러한 노력 없이 사진이나 영상 등 시각적 정보의 양만을 늘리면 소비자 반응에 오히려 부정적인 영향을 미칠 수 있다는 연구도 있다(Kim et al., 2021). 따라서 브랜드가 그들의 가치를 담아 소셜미디어에 게시하는 게시물을 시각적으로 표현하는 방식은, 고객들이 브랜드에 감정적 애착을 갖게 하는 결정적 선행 요인이 될 수 있다. 다만, 네트워크 환경이 뒷받침되지 않는 한 영상과 같은 시각 자료를 활용한 광고의 효과는 매우 낮을 것으로 보인다. 즉, 불안정한 네트워크 환경을 가진 시장 내에서 영상이라는 매개체는 '양날의 검'과 같아, 오히려 이용자로 하여금 불쾌한 경험을 하게 할 수 있기 때문에 그 효과가 부정적일 수 있다.

콘텐츠 노출 방식의 경우, 해시태그를 사용하여 광고 콘텐츠를 보여 주는 것이 웹사이트 링크를 사용하는 것보다 고객의 활발한 구전 행동을 유도하는 데 더 효과적이라는 것을 확인하였다. 소셜미디어상에서 해시태그는 사용자가 특정 주제나 단어를 검색하는 것의 결과를 보여 주는 것은 물론, 내가 검색한 해시태그와 관련된 주제 혹은 관련된 다른 사람들의 게시물을 동시에 수집할 수 있어 검색의 용이성과 확장성이 뛰어나다. 때문에 이것은 사용자의 더 많은 소셜미디어 참여를 이끌 뿐 아니라 소셜미디어 내 다른 사용자와의 소통을 장려하기도 한다.

또한 브랜드 팬의 수도 광고에 대한 관심의 필수적 선행요소임을 확인하였다. 즉, 더 많은 브랜드 팬들을 유치하는 것은 브랜드 광고에 대한 소비자의 관심을 높이고, 나아가 온라인 구전(e-WOM) 효과를 창출하는 데 유용할 것이다.

그리고 TV 광고에서 주로 확인되는 이월 효과는 소셜미디어 광고에서도 나타났다. 즉, 소셜미디어 광고가 며칠의 시차를 두고 소셜 검색량을 꾸준히 증가시키고 있다. 흥미롭게도 이

04 소셜미디어 광고: 어떻게 해야 좋을까

결과는 몇 시간밖에 지속되지 않는 TV 광고의 이월 효과에 비해 확연히 긴 효과를 보인다. 기존의 우려와는 다르게 명품 브랜드 시장에서도, 전통적 광고 매체라고 할 수 있는 TV보다 소셜미디어를 통한 광고를 했을 때 향후 더 큰 파급력을 줄 수 있다는 것이다.

마지막으로, 소셜미디어 광고에 대한 소비자의 관심과 검색량 사이의 긍정적인 효과를 찾아냄으로써, 소셜미디어 광고가 명품의 브랜드 아이덴티티에 흠집을 낼 수 있다는 우려와 비판이 있었음에도 불구하고 실제로는 명품 시장에서 매우 효과적인 마케팅 수단임을 확인할 수 있었다.

〈기사〉

온라인 뚫은 디올 날고, 면세점 치중한 페라가모 추락

에르메스(Hermes)와 LVMH 같은 럭셔리 브랜드 기업들의 주가는 지난 한 해 20% 이상 올랐다. 반면, 페라가모(Salvatore Ferragamo)와 버버리(Burberry)의 주가는 각각 15.4%와 18.8% 하락했고, 토즈(Tod's)와 휴고 보스(Hugo boss)는 각각 30.9%와 31.7% 급락했다. 이른바 럭셔리 브랜드 간에도 희비가 갈린 것이다. 미국 경제지 월스트리트저널은 "신종 코로나 사태가 럭셔리 브랜드 업계의 빈부격차를 키웠다"라고 풍자했다. 글로벌 유통업계는 럭셔리 브랜드 간의 양극화 이유를 코로나 대유행과 결부된 2가지 포인트로 설명한다. '온라인 마케팅'과 '신규 소비자 발굴'의 성공 여부이다.

◇ 온라인 등한시했다 매출 줄며 큰 타격

온라인 판매와 마케팅 경쟁력이 가장 큰 차이점을 만들었다. 신종 코로나 대유행 이전부터 온라인에 힘써 온 브랜드들은 큰 타격을 입지 않은 반면, 면세점과 백화점 등 전통적인 유통망에 여전히 의존해 온 브랜드들은 신종 코로나 대유행으로 인한 오프라인 매장의 판매량과 매출 감소에 큰 충격을 입었다.

온라인 분야에서 뒤처진 브랜드의 매출 실적은 참담할 정도이다. 페라가모의 작년 3분기 누적 매출은 6억 1,100만 유로(약 8,270억 원)로 그 전해 같은 기간보다 38.5% 급감했다. 신발과 가방을 주로 만드는 토즈 역시 같은 기간 매출이 4억 5,260만 유로(약 6,125억 원)로 전년 동기 대비 33.2% 감소했다.

오프라인 매장 폐쇄와 해외여행객이 사라지면서 면세점 매출이 증발하다시피한 것이 결정타였다. 미국 투자은행 제프리스의 플라비오 세레다 애널리스트는 "(매출 감소가 컸던) 페라가모와 토즈의 온라인 매출은 전체의 약 10%에 불과했다."며 "이는 업계 평균인 약 15%에도 미치지 못한 수준"이라고 평했다.

버버리는 코로나 봉쇄로 오프라인 매장을 대거 폐쇄하면서 위기를 맞자 미국과 중국, 호주 등지에서 옷과 가방 등의 제품을 최대 50% 할인 판매하는 극약 처방까지 해야 했다. 버버리의 164년 역사에 처음 있는 일이었다.

......〈중략〉......

버버리 매출은 작년 2분기 2억 5,700만 파운드(약 3,900억 원)로 전년 같은 기간에 비해 45%가량 줄었다.

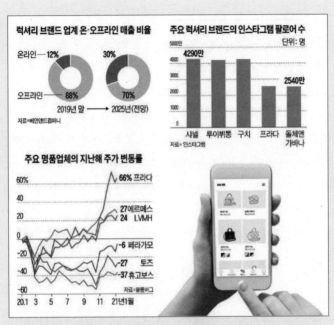

[그림 4-4] 코로나 대유행 이후 럭셔리 브랜드의 변화 (기사 내 그림)

◇ '아시아 밀레니얼' 겨냥해 성공

반면, LVMH와 샤넬 등 일찌감치 온라인 마케팅을 강화한 럭셔리 브랜드들은 계속 선전했다. 이는 북미나 유럽 중산층 등 전통적인 고객층에서, 중국 밀레니얼 세대(1980~2000년대 초 출생 세대)로 대표되는 신흥국의 젊은 고객으로 주(主) 고객층을 확대ㆍ전환하는 과정에서 자연스럽게 이뤄졌다.

소셜미디어(SNS) 마케팅과 핀테크 결제 등 젊은 세대를 노린 디지털 친화적 홍보와 판매, 결제 방식 전환이 오프라인 판매가 막힌 팬데믹 상황 속에서 빛을 발했다. LVMH 그룹의 '디올(Dior)' 브랜드가 대표적 성공 사례이다. 디올은 글로벌 명품 시장의 '큰손'으로 부상한 중국 시장 공략에 공을 들였다.

2015년부터 럭셔리 브랜드 최초로 12억 명이 쓰는 중국 모바일 메신저 '위챗'을 이용해 온라인 전용 한정판 제품을 판매하고, 실시간 생방송을 진행하는 등 중국 밀레니얼 공략에 애썼다. 결제 방식 역시 중국에서 많이 쓰이는 알리페이 결제 시스템을 지원했다. 코로나로 인해 해외여행 길이 막힌 중국의 젊은 중산층 여성들이 일종의 '보복 소비'로 디올 제품 구매에 나섰다.

디올이 작년 9월 선보인 2021 봄·여름 컬렉션 온라인 프로모션에는 8,360만 명에 달하는 중국 시청자가 몰렸다. 디올은 현재 루이뷔통(Louis Vuitton)과 더불어 LVMH 그룹의 실적을 견인하는 쌍두마차이다. LVMH 그룹 전체 매출이 작년 4분기 기준 3% 감소하는 상황 속에서도 디올과 루이뷔통이 대부분을 차지하는 '패션 및 가죽 제품' 부문 매출은 18% 증가했다.

https://www.chosun.com/economy/mint/2021/02/05/BOKJ27FD6RF
THMBVSGCK37TZ7I/?form=MY01SV&OCID=MY01SV

〈안상현 기자, 조선일보(2021. 2. 5.)〉

04 소셜미디어 광고: 어떻게 해야 좋을까

　광고의 주된 역할 중 하나는 기업이 시장에 존재하는 소비자들과 의사소통하는 커뮤니케이션이다. 기업은 광고를 통해 자신의 제품이 갖는 장점을 시장에 알려 주고, 자신의 브랜드에 대한 인지도, 선호도, 그리고 가치 등을 향상 및 확립하고, 궁극적으로 시장에서 자사의 제품을 더 잘 팔리게 하고자 한다. 그런데, 이 책에서는 광고의 이러한 효과에 대한 기대치와 조금은 엇나간 광고의 효과에 대해서 살펴봤다. 광고가 매출이나 주가 또는 기업가치에 기대했던 긍정적인 효과가 약하거나 없을 수 있음을, 나의 광고가 나보다는 내 경쟁자를 더 이롭게 할 수 있음을, 그리고 시각과 청각을 모두 활용하는 동영상 광고가 시각만을 이용하는 정적인 광고보다 효과가 못할 수 있음을 이론적으로, 그리고 과학적으로 검증한 연구 결과가 제시되었다.

　광고는 기업이 제공하는 제품이나 서비스에 대하여 고객이 체감하는 가치를 높이고, 그래서 기업의 브랜드 가치를 높여 준다. 그런데 이러한 광고의 긍정적인 효과는 항상 일정한 것이 아님을 제2장을 읽음으로써 알게 되었다. 서비스 산업에서 주로 광고의 효과가 브랜드 애호도에 긍정적 영향을 미치고, 다시 애호도가 수익성과 시장가치에 긍정적 영향을 미치는 연결고리가 발견되나, 제조업에서는 이러한 선순환적 과정이 서비스업보다 상대적으로 약하게 일어난다는 것이다. 어쩌면 제조업이 제공하는 제품은 형태가 있기에, 즉 유형이기에 고객 및 잠재고객들이 눈으로 보고 만지면서 직접 느끼고 판단하는 것이 우선적으로 작용하여, 기업이 의도하는 광고의 효과를 극대화하는 데 어려움이 있을 수 있을 것이다. 이와 반대로 서비스는 무형이라서, 직접 체험해 보기 전에는 그 가치를 정확히 알 수 없고, 광고가 제시하는 이미지는 무형의 서비스상품에 더 효과적일 수도 있지 않을까 생각해 본다. 제품이나 서비스를 설명하는 것이 아니라 고객 및 잠재고객에게 이미지를 심고자 한다면, 제조업보다는 서비스업이 광고에 대한 상세한 고민을 더 할 필요가 있음을 시사한다. 특히 서비스 기업은 광고를 브랜드 애호도와 재무성과(수익성, 시장가치)를 높이는 데 전략적으로 접근함이 바람직하다 할 수 있다.

경쟁자 브랜드에 대한 광고 효과 측면에서, 광고주의 경쟁자 브랜드가 메이저 브랜드였을 때 경쟁자-기여 효과가 더 강하게 나타나서, 메이저 브랜드의 광고는 마이너 브랜드 매출에 악영향을 미쳤고, 전자의 매출은 후자의 광고 덕분에 이로움을 얻음을 제3장에서 알았다. 그런데 광고의 경쟁자-기여 효과도 브랜드별 현상임을 명심하고, 그 효과관리가 브랜드에 따라 달라져야 한다는 점을 강조하고 싶다. 자신의 광고가 마이너 브랜드에게 경쟁자-기여 효과를 미칠 것을 걱정하지 않아도 되는 메이저 브랜드의 경우, 광고의 효과를 극대화하기 위해 자신과 경쟁자 간의 연상(association)을 더 강하게 만드는 것이 유리할 것이다. 이와는 대조적으로, 마이너 브랜드는 광고를 할 때 자신과 메이저 경쟁사 사이의 연상을 약화시키는 것을 유념하지 않는다면, 경쟁자-기여 효과로 인하여 자신의 광고가 원치 않는 효과를 내게 될 것이다.

광고의 경쟁자-기여 효과의 존재는 광고 전략을 수립하고 그 효과를 정확히 파악해야 하는 마케터들이 다음과 같이 좀 더 세심한 광고 관리를 할 것을 주문한다. 첫째, 광고 관리자는 자신의 브랜드가 이러한 현상으로 인해 혜택을 받고 있는지 아니면 손해를 보고 있는지 제3장에서 제안한 분석 프레임 워크를 활용하여 조사해 볼 필요가 있다. 담당 브랜드 광고의 경쟁자-기여 효과를 파악한 후 경쟁 상대로부터 경쟁자-기여 효과에 따른 이익과 손해 여부를 지속적으로 모니터링하여 광고 전략 수립에 반영해야 한다. 특히 피해를 완화하는 것이 이익의 극대화보다 더 시급한 과제라는 점에서, 경쟁자-기여 효과의 파악은 마이너 브랜드에게는 더욱 중요한 과제가 될 것이다. 피해를 받는 브랜드(마이너 브랜드)가 광고의 경쟁자-기여 효과를 완화하거나 방지하기 위해서는, 연관 네트워크를 세밀히 조사하여 해당 브랜드의 광고 메시지가 경쟁 브랜드(메이저 브랜드)에 대한 강력한 연상이 될 수 있는 소비자의 지식이나 경험을 활성화하지 않도록 주의하여 광고 전략을 수립하여야 한다. 경쟁 브랜드와의 연관성을 회피하기 위해 첫째, 마케터는 경쟁 브랜드와 차별화된 어필 포인트를 개발해야 한다. 둘째, 이러한 차별화 전략도 마이너 브랜드 광고가 활성화를 피하고자 하는 메이저 경쟁 브랜드의 브랜드 연상이 제품 카테고리에 대한 소비자의 공통 요구와 관련이 있는 경우 현재 마이너 브랜드가 보유하고 있는 카테고리 멤버십을 상실할 수 있으니 조심할 필요가 있다. 따라서 경쟁자-기여 효과를 완화하거나 방지하기 위한 차별화 전략을 위한 광고를 시작하기 전에 광고 효과의 시범 테스트를 통해 장점(경쟁자-기여 효과 감소)과 단점(자기-기여 효과 감소)을 명확히 검토하여 실행하여야 한다.

　명품 브랜드 시장의 소셜미디어 마케팅이 점차 성장하고 있음에도 불구하고, 여전히 많은 명품 브랜드의 마케팅 매니저들은 소셜미디어라는 채널을 통한 마케팅에 부담을 느낀다고 한다. 그 이유는 '소셜미디어 광고로 인해 우리 명품 브랜드가 가진 위신이 떨어지지는 않을까?'라는 염려 때문일 것이다. 그러나 제4장의 결과는 명품 브랜드에게도 소셜미디어 광고가 오히려 더 효과적인 마케팅 수단이 될 수 있다는 답을 준다. 단,

언제 어디서나 '만능'의 광고란 없다. 명품 브랜드가 소셜미디어 광고를 시행할 때에는 브랜드 고유의 가치를 어떤 방식으로 전달하여 그 효과를 높일지에 대한 고찰이 필요하다. 명품 브랜드는 소셜미디어 광고에도 브랜드의 외적 가치를 접목한 상징적 의미를 반영하여야 하며, 이를 통해 고객에게 명품 브랜드만의 고유 속성을 전달하고 정서적 애착을 갖게 해야 한다. 그런데 이때, 네트워크 환경이 뒷받침되지 않는다면 영상 유형과 같은 시각 자료의 효과는 예상 밖으로 낮을 것임을 제4장을 통해 추정할 수 있다. 물론 이것은 중국이라는 환경적 특성에 기인하는 것일 수도 있으나, 영상 광고가 그림 광고보다 고객 구전 행동을 향상시키는 데 반드시 더 효과적인 방법은 아니라는 것을 시사한다.

콘텐츠 노출 방식의 경우, 해시태그를 사용하여 광고 콘텐츠를 보여 주는 것이 웹 링크를 사용하는 것보다 고객의 활발한 구전 행동을 유도하는 데 더 효과적이라는 것을 확인하였다. 해시태그는 웹 링크보다 짧고 간결하지만 소셜미디어 내 사용자의 참여를 이끌 뿐 아니라 다른 사용자와의 소통을 장려하기도 하는 등 광고의 효과를 높이는 강력한 콘텐츠 표현 방식인 것이다. 또한 브랜드 팬의 수도 광고에 대한 관심의 필수적 선행요소임을 확인하였다. 즉, 더 많은 브랜드 팬들을 유치하는 것은 브랜드 광고에 대한 관심을 높이고, 이를 바탕으로 온라인 구전(e-WOM) 효과를 창출하기에 유용할 것이다. 그리고 전통적 광고매체인 TV 광고에서 주로 확인되는 이월 효과가 소셜미디어 광고에서도 확인되었는데, 몇 시간밖에 지속되지 않는 TV 광고의 이월 효과에 비해 소셜미디어 광고가 확연히 긴 효과를 보이는 장점이 있음을 간과해서는 안 된다.

광고의 효과가 없다고 생각하는 독자는 없기 바란다. 광고를 하지 않으면, 시장에서 나의 제품과 제품이 제공하는 가치를 소비자들은 알아보지 못함으로써, 나의 제품은 소비자들로부터 선택받지 못한다. 이것은, 한마디로 표현하면, 기업과 고객 사이에 커뮤니케이션이 없기 때문이다. 문제는 커뮤니케이션 기능을 넘어서 광고의 마케팅성과가 기업의 수익성에도 효과가 있느냐일 것이다. 물론 그 효과는 긍정적으로 존재한다. 때로는 강하게 그러나 때로는 약하게. 그런데 광고의 마케팅효과를 극대화하기 위한 조건들이 있다. 그 조건을 잘 맞추지 못하면 광고의 효과는 기대에 못 미치게 되는 것이다.

또 하나, 기업의 경영진이나 마케팅 및 광고의 실무자들이 한 가지 명심하여야 할 것은 기업의 성과는 광고 활동뿐만 아니라 상품의 품질과 나의 마케팅 노력, 경제상황, 규제, 그리고 경쟁자의 마케팅 활동 등 여러 요인의 영향을 복합적으로 받는다는 점이다. 따라서 기업의 성과를 순수하게 광고 효과로만 파악하려는 시도는 무리가 있으며, 이에 기업의 광고비 지출뿐 아니라 다양한 마케팅 활동에 들어가는 비용의 효과도 함께 고려하여야 한다.

고한준(2010). 광고 메시지에 대한 이해가 광고 효과에 미치는 영향. 광고학연구, 21(1), 7-21.

곽수근, 송혁준(2003). 경제상황 및 산업특성에 따른 회계정보의 주가관련성의 차이에 관한 연구. 회계정보연구, 21, 1-24.

권순용, 이상훈(1999). 연구개발비와 광고비지출이 기업가치에 미치는 영향. 경영연구, 14(2), 239-263.

김연용, 장원경, 기현희(2006). 무형자산의 기업가치관련성에 관한 연구. 대한경영학회지, 19(1), 199-216.

김항중, 남승규(2014). 공감 커뮤니케이션 모형. 광고학연구, 25(7), 139-160.

남승규(2011). 광고반응평가차원에 기초한 광고효과 제고 전략. 광고학연구, 22(8), 45-58.

라선아, 이유재(2015). 고객만족, 브랜드 애호도, 관계마케팅, 고객관계관리 관련 문헌에 관한 종합적 고찰. 마케팅연구, 30(1), 53-104.

문달주, 허훈(2008). 광고를 통한 금융 브랜드자산 요인이 고객의 전환의도와 고객만족에 미치는 영향 연구. 광고학연구, 19(5), 33-48.

박현수, 박해원(2005). 텔레비전 광고에서 혼잡도 (clutter) 와 스플릿

(Split) 및 반복 광고 유형이 인지적 효과에 미치는 영향. 광고학연구, 16(5), 311-327.

백원선, 송인만, 전성일(2004). 무형자산성 지출 관련 연구의 과거, 현재 그리고 미래. 회계저널, 13(3), 213-239.

백원선, 전성일(2004). 무형자산성 지출의 회계처리, 초과이익 지속성 및 가치평가. 회계학연구, 29(3), 199-226.

서문식, 이화정, 노태석(2014). 브랜드 의인화 광고의 효과: 저관여 서비스 및 제품을 중심으로. 광고학연구, 25(4), 27-53.

서상희, 윤각(2010). 광고메시지에 숨겨진 상업적 의도에 대한 접근성이 설득의도 추론 및 광고효과에 미치는 영향: 설득지식모델을 중심으로. 광고학연구, 21(1), 163-177.

안태식, 김완중(2000). 고객만족과 재무성과간의 관계. 회계학연구, 25(1), 75-96.

양윤, 민재연(2004). 무드, 정보처리유형 및 광고유형이 광고에 대한 감정, 인지반응과 광고태도에 미치는 영향. 광고학연구, 15(3), 7-37.

육근효(2003). 연구개발비와 광고비지출의 경제적 효과에 관한 재검토. 경영연구, 18(3), 219-251.

윤순석(1998). 영업현금흐름에 따른 이익관리 현상에 대한 연구. 회계학연구, 23(1), 107-126.

윤재웅, 박현수(2015). 광고 이월효과 미디어모델을 활용한 광고효과 예측 사례 연구. 광고학연구, 26(5), 75-100.

이유재, 이청림(2007). 고객만족이 기업성과에 미치는 영향에 있어서 고객충성도 변수의 역할. 마케팅연구, 22(1), 81-102.

이유재, 차경천, 이청림(2008). 기업의 수익성과 가치에 미치는 고객만족의 동태적 영향. 한국마케팅저널, 10(1), 1-23.

이은주, 백태영, 신현준, 전경민, 차경천(2016). 광고비가 마케팅 및 재무적 성과에 미치는 영향: 브랜드 애호도, 수익성, 기업가치를 중심으로. 광고학연구, 27(4), 71-90.

이지혜, 전봉걸(2011). 광고가 단기 기업성과에 미치는 영향. 생산성논집(구 생산성연구), 25(1), 77-99.

이진원, 송태호, 김상용(2010). 광고의 경쟁자 기여 효과: 마이너 브랜드의 관점에서. 경영학연구, 39(5), 1123-1150.

장대련, 한민희(2000). 광고론. 경기: 학현사.

정군오, 장원경, 김연용(2005). 연구개발비와 광고비가 기업가치에 미치는 영향. 대한경영학회지, 18(5), 1851-1867.

정기식, 이정길(1996). 광고비 및 연구개발비의 기업가치에 대한 영향. 산업경제연구, 9(1), 395-417.

정형식(1997). 광고와 객관적 증빙의 혼합정보가 소비자 제품평가에 미치는 영향. 마케팅연구, 12(2), 145-170.

정혜영, 조성인(2004). 무형자산 관련 회계정보의 기업가치 관련성에 관한 연구. 회계학연구, 29(3), 1-31.

조수연, 이은선(2015). 페이스북에서 브랜드 자기노출과 친밀감에 따른 커뮤니케이션 효과 차이 연구: 사회침투이론을 중심으로. 광고학연구, 26(8), 95-117.

주근희, 이경렬(2009). 인터넷 쇼핑몰 기업의 웹 자산의 규범적 모델의 개발에 관한 연구: 미국 온라인 쇼핑객에 대한 실증적 연구를 중심으로. 광고학연구, 20(3), 77-96.

허화, 이정길, 김영갑(2007). 연구개발비와 광고비의 기업가치에 대한 영향. 금융공학연구, 6(1), 1-16.

홍재욱(2000). 브랜드 최초상기가 구매행동에 미치는 영향. 광고학연구, 11(2), 61-87.

Aaker, D. A. (1992). The value of brand equity. *Journal of Business*

Strategy, 13(4), 27-32.

Abdel-Khalik, A. R. (1975). Advertising effectiveness and accounting policy. *The Accounting Review, 50*(4), 657-670.

Ahluwalia, R., Unnava. H. R., & Burnkrant, R. E. (2001). The moderating role of commitment on the spillover effect of marketing communications. *Journal of Marketing Research, 38*(4), 458-470.

Almon, S. (1965). The distributed lag between capital appropriations and expenditures. *Econometrica: Journal of the Econometric Society,* 178-196.

Anderson, J. R. (1983). A spreading activation theory of memory. *Journal of verbal learning and verbal behavior, 22*(3), 261-295.

Anderson, E. W., Fornell, C., & Lehmann, D. R. (1994). Customer satisfaction, market share, and profitability: Findings from Sweden. *The Journal of Marketing, 58*(3), 53-66.

Anderson, E. W., Fornell, C., & Mazvancheryl, S. K. (2004). Customer satisfaction and shareholder value. *Journal of Marketing, 68*(4), 172-185.

Anderson, E. W., Fornell, C., & Rust, R. T. (1997). Customer satisfaction, productivity, and profitability: Differences between goods and services. *Marketing science, 16*(2), 129-145.

Anderson, E. W., & Sullivan, M. W. (1993). The antecedents and consequences of customer satisfaction for firms. *Marketing science, 12*(2), 125-143.

Baber, W. R., Fairfield, P. M., & Haggard, J. A. (1991). The effect of concern about reported income on discretionary spending decisions: The case of research and development. *Accounting*

Review, *66*(4), 818-829.

Bagwell, K. (2007). The Economic Analysis of Advertising. *Handbook of Industrial Organization*. Mark Armstrong and Rob Porter, 1701-1844.

Barth, M. E., Clement, M. B., Foster. G., & Kasznik, R. (1998). Brand values and capital market valuation. *Review of accounting studies*, *3*(1-2), 41-68.

Bernhardt, K. L., Donthu.N., & Kennett, P. A. (2000). A longitudinal analysis of satisfaction and profitability. *Journal of Business Research*, *47*(2), 161-171.

Blattberg, R. C., & Wisniewski, K. J. (1989). Price-induced patterns of competition. *Marketing science*, *8*(4), 291-309.

BRANDSTOCK. (2010). Bsti ranking. http://www.brandstock.co.kr/webdoc/app/doc.php?menu_name=bt_1.

Reis, H. T., & Judd, C. M. (Eds.). (2000). *Handbook of research methods in social and personality psychology*. Cambridge University Press.

Bublitz, B., & Ettredge, M. (1989). The information in discretionary outlays: Advertising, research, and development. *Accounting Review*, 108-124.

Bushee, B. J. (1998). The influence of institutional investors on myopic R&D investment behavior. *Accounting review*, 305-333.

Brewer, M. B. (2000). Research design and issues of validity. In *Handbook of research methods in social and personality psychology*.

Cameron, A. C., & Trivedi, P. K. (2005). *Microeconometrics: methods and applications*. Cambridge University Press.

Chauvin, K. W., & Hirschey, M. (1993). Advertising, R&D expenditures and the market value of the firm. *Financial management*, 128-140.

Chemmanur, T. J., & Yan, A. (2010). Advertising, investor recognition, and stock returns. In *AFA 2011 Denver Meetings Paper*.

Chevalier, M., & Gutsatz, M. (2012). *Luxury retail management: How the world's top brands provide quality product and service support*. John Wiley & Sons.

Chevalier, M., & Lu, P. X. (2009). *luxury China: Market opportunities and potential*, p. 89.

Chi, H. K., Yeh, H. R., & Yang, Y. T. (2009). The impact of brand awareness on consumer purchase intention: The mediating effect of perceived quality and brand loyalty. *The Journal of International Management Studies*, 4(1), 135-44.

Chung, C., & Austria, K. (2010). Social Media Gratification and Attitude toward Social Media Marketing Messages: A Study of the Effect of Social Media Marketing Messages on Online Shopping Value. *Proceedings of the Northeast Business & Economics Association*.

Collins, A. M., & Loftus, E. F. (1975). A spreading-activation theory of semantic processing. *Psychological review*, 82(6), 407.

Comanor, W. S., & Wilson, T. A. (1967). Advertising Market Structure and Performance. *The Review of Economics and Statistics*, 423-440.

Comanor, W. S., & Wilson, T. A. (1979). The effect of advertising on competition: A survey. *Journal of Economic Literature*, 17(2),

453-476.

Conchar, M. P., Crask, M. R., & Zinkhan, G. M. (2005). Market valuation models of the effect of advertising and promotional spending: a review and meta-analysis. *Journal of the Academy of Marketing Science, 33*(4), 445-460.

Cook, T. D., Campbell, D. T., & Day, A. (1979). *Quasi-experimentation: Design & analysis issues for field settings* (Vol. 351). Boston: Houghton Mifflin.

Cooper, P. (2014). *Global entertainment and media outlook* 2014-2018.

Coyle, J. R., & Thorson, E. (2001). The effects of progressive levels of interactivity and vividness in web marketing sites. *Journal of Advertising, 30*(3), 65-77.

D'Agostino, P. R., & DeRemer, P. (1973). Repetition effects as a function of rehearsal and encoding variability. *Journal of Verbal Learning and Verbal Behavior, 12*(1), 108-113.

Dechow, P. M., & Sloan, R. G. (1991). Executive incentives and the horizon problem: An empirical investigation. *Journal of Accounting and Economics, 14*(1), 51-89.

Deighton, J. (1984). The interaction of advertising and evidence. *Journal of Consumer Research, 11*(3), 763-770.

Dekimpe, M. G., & Hanssens, D. M. (1995a). Empirical generalizations about market evolution and stationarity. *Marketing Science 14*(3_supplement), G109-G121.

Dekimpe, M. G., & Hanssens, D. M. (1995b). The persistence of marketing effects on sales. *Marketing science, 14*(1), 1-21.

Dekimpe, M. G., & Hanssens, D. M. (1999). Sustained spending and persistent response: A new look at long-term marketing profitability. *Journal of Marketing Research*, 36(4), 397-412.

DELCO (2012). The Korean domestic fast food industry trends for year 2012. http://www.delco.co.kr/pages/sub4_01.htm?db=rec1&page=1&id=778&type=read.

Glasmeier, A. K. (2012). *The high-tech potential: Economic development in rural America*. Transaction Publishers.

De Vries, L., Gensler, S., & Leeflang, P. S. (2012). Popularity of brand posts on brand fan pages: An investigation of the effects of social media marketing. *Journal of Interactive Marketing*, 26(2), 83-91.

Dick, A. S., & Basu, K. (1994). Brand Loyalty: Toward an Integrated Conceptual Framework. *Journal of the academy of marketing science*, 22(2), 99-113.

Dickey, D. A., & Fuller, W. A. (1979). Distribution of the estimators for autoregressive time series with a unit root. *Journal of the American statistical association*, 74(366a), 427-431.

Dubois, B., & Paternault, C. (1995). Understanding the world of international luxury brands: the "dream formula." (Special Issue: Research Input into the Creative Process). *Journal of Advertising Research*, 35(4), 69-77.

Dutta, C. B., Haider, M. Z., & Das, D. K. (2017). Dynamics of economic growth, investment, and trade openness: Evidence from Bangladesh. *South Asian Journal of Macroeconomics and Public Finance*, 6(1), 82-104.

Eng, L. L., & Keh, H. T. (2007). The effects of advertising and brand value on future operating and market performance. *Journal of*

Advertising, 36(4), 91–100.

Erdoğmuş, İ. E., & Cicek, M. (2012). The impact of social media marketing on brand loyalty. *Procedia–Social and Behavioral Sciences, 58,* 1353–1360.

Fama, E. (1970). Efficient capital markets: A review of theory and empirical work. *The Journal of Finance, 25*(2), 383–417.

Fehle, F., Tsyplakov, S., & Zdorovtsov, V. (2005). Can companies influence investor behaviour through advertising? Super bowl commercials and stock returns. *European Financial Management, 11*(5), 625–647.

Fisher, T. (2009). ROI in social media: A look at the arguments. *Journal of Database Marketing & Customer Strategy Management, 16*(3), 189–195.

Fitzsimons, G. J., & Morwitz, V. G. (1996). The effect of measuring intent on brand-level purchase behavior. *Journal of Consumer Research, 23*(1), 1–11.

Fornell, C. (1992). A national customer satisfaction barometer: the Swedish experience. *The Journal of Marketing, 56*(1), 6–21.

Fortin, D. R., & Dholakia, R. R. (2005). Interactivity and vividness effects on social presence and involvement with a web-based advertisement. *Journal of Business Research, 58*(3), 387–396.

Gao, X., Kim, S. Y. Kim, D. Y. & Lee, S. M. (2019). The Effect of Social Media Advertising on Social Search in China: Evidence from Luxury Brand. *Asia Marketing Journal, 21*(3), 65–82.

Godey, B., Manthiou, A., Pederzoli., D., Rokka. J., Aiello, G., Donvito, R., & Singh, R. (2016). Social media marketing efforts of luxury brands: Influence on brand equity and consumer behavior. *Journal of Business Research*, *69*(12), 5833-5841.

Grullon, G., Kanatas, G. & Weston, J. P. (2004). Advertising, breadth of ownership, and liquidity. *Review of Financial Studies*, *17*(2), 439-461.

Granger, C. W. J., & Newbold, P. (1974). Spurious Regressions in Econometrics. *Journal of Econometrics*, *2*, 111-120.

Hallowell, R. (1996). The relationships of customer satisfaction, Customer Loyalty, and profitability: an empirical study. *International Journal of Service Industry Management*, *7*(4), 27-42.

Hanssens, D. M., Rust., R. T., & Srivastava, R. K. (2009). Marketing strategy and Wall Street: nailing down marketing's impact. *Journal of Marketing*, *73*(6), 115-118.

Hill, S., Nalavade, A., & Benton, A. (2012). Social TV: Real-time social media response to TV advertising. In *Proceedings of the Sixth International Workshop on Data Mining for Online Advertising and Internet Economy* (p. 4). ACM.

Hirschey, M., & Weygandt, J. J. (1985). Amortization policy for advertising and research and development expenditures. *Journal of Accounting Research*, *23*(1), 326-335.

Hirshleifer, D., & Shumway, T. (2003). Good day sunshine: Stock returns and the weather. *Journal of finance*, *58*(3), 1009-1032.

Hoch, S. J., & Ha, Y. W. (1986). Consumer learning: Advertising and the ambiguity of product experience. *Journal of Consumer Research*, *13*(2), 221-233.

Hoyer, W. D., & Brown, S. P. (1990). Effects of brand awareness on choice for a common, repeat-purchase product. *Journal of consumer research*, *17*(2), 141-148.

Huang, Y., Xiao, Y., Sun, S., & Xu, J. (2010). Effects of Visual Vividness and Navigation Modes on Perception of Presence in Virtual Museums. In *2010 Second International Conference on Intelligent Human-Machine Systems and Cybernetics* (Vol. 1, pp. 267-270). IEEE.

Jacoby, J., & Chestnut, R. W. (1978). *Brand loyalty: Measurement and management*. New York: John Wiley and Sons.

Janakiraman, R., Sismeiro., C., & Dutta, S. (2009). Perception spillovers across competing brands: A disaggregate model of how and when. *Journal of Marketing Research*, 46(4), 467-481.

Jedidi, K., Mela, C. F., & Gupta, S. (1999). Managing advertising and promotion for long-run profitability. *Marketing Science*, 18(1), 1-22.

Joo, M., Wilbur, K. C., & Zhu, Y. (2016). Effects of TV advertising on keyword search. *International Journal of Research in Marketing*, 33(3), 508-523.

Joshi, A. M., & Hanssens, D. M. (2009). Movie advertising and the stock market valuation of studios: A case of "Great Expectations?" *Marketing Science*, 28(2), 239-250.

Joshi, A., & Hanssens, D. M. (2010). The direct and indirect effects of advertising spending on firm value. *Journal of Marketing*, 74(1), 20-33.

Kapferer, J. (1997). *Strategic brand management: Creating and sustaining brand equity long term*, 2, Auflage, London.

Karakaya, F., & Barnes, N. G. (2010). Impact of online reviews of customer care experience on brand or company selection. *Journal of Consumer Marketing*, 27(5), 447-457.

Katircioglu, S. T. (2009). Revisiting the tourism-led-growth hypothesis for Turkey using the bounds test and Johansen approach for cointegration. *Tourism Management, 30*(1), 17-20.

Kaur, P., Dhir, A., Chen, S., & Rajala, R. (2016). Understanding online regret experience using the theoretical lens of flow experience. *Computers in Human Behavior, 57,* 230-239.

Keller, K. L. (1993). Conceptualizing, measuring, and managing customer-based brand equity. *Journal of marketing, 57*(1), 1-22.

Keller, K. L. (1991). Memory and evaluation effects in competitive advertising environments. *Journal of Consumer Research, 17*(4), 463-476.

Kent, R. J., & Allen, C. T. (1994). Competitive interference effects in consumer memory for advertising: The role of brand familiarity. *Journal of marketing, 58*(3), 97-105.

Kim, A. J., & Ko, E. (2012). Do social media marketing activities enhance customer equity? An empirical study of luxury fashion brand. *Journal of Business Research, 65*(10), 1480-1486.

Kim, E., Sung, Y., & Kang, H. (2014). Brand followers' retweeting behavior on Twitter: How brand relationships influence brand electronic word-of-mouth. *Computers in Human Behavior, 37,* 18-25.

Kim, J.-H. (2010). "Market trend 1: Recent trends in the Korean domestic beer market," *Liquor Industry, 30*(2), 20-29.

Kim, M., Lee, S. M., Choi, S., & Kim, S. Y. (2021). Impact of visual information on online consumer review behavior: Evidence from a hotel booking website. *Journal of Retailing and*

Consumer Services, 60, 102494.

Klayman, J., & Ha, Y. W. (1987). Confirmation, disconfirmation, and information in hypothesis testing. *Psychological review, 94*(2), 211.

Koop, G., Pesaran, M. H., & Potter, S. M. (1996). Impulse response analysis in nonlinear multivariate models. *Journal of econometrics, 74*(1), 119-147.

Kotler, P., & Armstrong, G. M. (2013). *Principles of marketing.* Englewood Cliffs, NJ: Prentice Hall.

Koyck, L. M. (1954). *Distributed Lags and Investment Analysis.* Amsterdam: North-Holland Publishing Company.

Krasnikov, A., Mishra, S., & Orozco, D. (2009). Evaluating the financial impact of branding using trademarks: A framework and empirical evidence. *Journal of Marketing, 73*(6), 154-166.

Kruikemeier, S., Van Noort, G., Vliegenthart, R., & De Vreese, C. H. (2013). Getting closer: The effects of personalized and interactive online political communication. *European Journal of Communication, 28*(1), 53-66.

Kulkarni, G., Kannan, P. K., & Moe, W. (2012). Using online search data to forecast new product sales. *Decision Support Systems, 52*(3), 604-611.

Lambert, B., Benjamin, D. S., Aimee, K., & Naomi, Y. (2017). "Chinese luxury consumers: More global, more demanding, still spending" (accessed May 5, 2017), [available at https://www.mckinsey.com/business-functions/marketing-and-sales/our%20insights/Chinese-luxury-consumers-more-global-more-demanding-still-spending], McKinsey & Company.

Lee, A. Y. (2002). Effects of implicit memory on memory-based versus stimulus-based brand choice. *Journal of Marketing Research, 39*(4), 440-454.

Lee, E. Y., & Park, C. S. (2015). Does advertising exposure prior to customer satisfaction survey enhance customer satisfaction ratings? *Marketing Letters, 26*(4), 513-523.

Lee, R. P., & Grewal, R. (2004). Strategic responses to new technologies and their impact on firm performance. *Journal of Marketing, 68*(4), 157-171.

Leeflang, P. S. H., & Wittink, D. R. (2001). Explaining competitive reaction effects. *International Journal of Research in Marketing, 18*(1-2), 119-137.

Leeflang, P., Wittink, D. R., Wedel, M., & Naert, P. A. (2000). Springer, US: *Building Models for Marketing Decisions.*

Leone, R. P. (1995). Generalizing what is known about temporal aggregation and advertising carryover. *Marketing science, 14*(3_ supplement), G141-G150.

Lindenberg, E. B., & Ross, S. A. (1981). Tobin's q ratio and industrial organization. *Journal of business, 54*(1), 1-32.

Lou, D. (2014). Attracting investor attention through advertising. *Review of Financial Studies, 27*(6), 1797-1829.

Luo, X., & Bhattacharya, C. B. (2006). Corporate social responsibility, customer satisfaction, and market value. *Journal of marketing, 70*(4), 1-18.

Lütkepohl, H. (2007). *New introduction to multiple time series analysis.* Berlin: Springer.

Luxurydaily.com (2013). 98pc of luxury purchasers communicate via digital platforms: report (accessed July 10, 2013), [available at https://www.luxurydaily.com/98pc-of-luxury-purchasers-communicate-via-digital-platforms-report].

Machleit, K. A., Madden, T. J., & Allen, C. T. (1990). Measuring and modeling brand interest as an alternative ad effect with familiar brands. *ACR North American Advances*.

Macias, W. (2003). A beginning look at the effects of interactivity, product involvement, and web experience on comprehension: Brand web sites as interactive advertising. *Journal of Current Issues & Research in Advertising*, 25(2), 31-44.

Madden, T. J., Fehle, F., & Fornier, S. (2006). Brands matter: An empirical demonstration of the creation of shareholder value through branding. *Journal of the Academy of Marketing Science*, 34(2), 224-235.

Malkiel, B. G., & Fama, E. F. (1970). Efficient capital markets: A review of theory and empirical work. *The Journal of Finance*, 25(2), 383-417.

McAlister, L., Srinivasan, R., Jindal, N., & Cannella, A. A. (2016). Advertising effectiveness: The moderating effect of firm strategy. *Journal of Marketing Research*, 53(2), 207-224.

McAlister, L., Srinivasan, R., & Kim, M. (2007). Advertising, research and development, and systematic risk of the firm. *Journal of Marketing*, 71(1), 35-48.

Mela, C. F., Gupta S., & Lehmann D. R. (1997). The long-term impact of promotion and advertising on consumer brand choice. *Journal of Marketing research*, 34(2), 248-261.

Meschke, F. (2003). CEO interviews on CNBC. *Fifth Singapore*

International Conference on Finance.

Morgeson III, F. V., Mithas, S., Kiningham, T. L., & Aksoy, L. (2011). An investigation of the cross-national determinants of customer satisfaction. *Journal of the Academy of Marketing Science, 39*(2), 198-215.

Morris, M. R., Teevan, J., & Panovich, K. (2010). A comparison of information seeking using search engines and social networks. In *Fourth International AAAI Conference on Weblogs and Social Media*.

Murdough, C. (2009). Social media measurement: It's not impossible. *Journal of Interactive Advertising, 10*(1), 94-99.

Nedungadi, P. (1990). Recall and consumer consideration sets: Influencing choice without altering brand evaluations. *Journal of consumer research, 17*(3), 263-276.

Neslin, S. A., & Shankar, V. (2009). Key issues in multichannel customer management: Current knowledge and future directions. *Journal of Interactive Marketing, 23*(1), 70-81.

Nijs, V. R., Dekimpe, M. G., Steenkamps, J.-B. E. M., & Hanssens, D. M. (2001). The category-demand effects of price promotions. *Marketing Science 20*, no:1, 1-22.

Normile, D. (2017). Science suffers as China plugs holes in Great Firewall. *American Association for the Advancement of Science, 357* (6354), 856.

Oakenfull, G. K., & McCarthy, M. S. (2010). Examining the relationship between brand usage and brand knowledge structures. *Journal of Brand Management, 17*(4), 279-288.

Ofir, C., & Simonson, I. (2001). In search of negative customer feedback: The effect of expecting to evaluate on satisfaction evaluations. *Journal of Marketing research*, *38*(2), 170-182.

Ofir, C., & Simonson, I. (2007). The effect of stating expectations on customer satisfaction and shopping experience. *Journal of Marketing research*, *44*(1), 164-174.

Ofir, C., Simonson, I. & Yoon, S. O. (2009). The robustness of the effects of consumers' participation in market research: The case of service quality evaluations. *Journal of Marketing*, *73*(6), 105-114.

Pauwels, K. (2004). How dynamic consumer response, competitor response, company support, and company inertia shape long-term marketing effectiveness. *Marketing Science 23,* no: 4, 596-610.

Pauwels, K., & Weiss, A. (2008). Moving from free to fee: How online firms market to change their business model successfully. *Journal of Marketing 72,* no: 3, 14-31.

Pereira, H. G., de Fátima Salgueiro, M., & Mateus, I. (2014). Say yes to Facebook and get your customers involved! Relationships in a world of social networks. *Business Horizons*, *57*(6), 695-702.

Perry, S., & Grinaker, R. (1994). Earnings expectations and discretionary research and develop. *Accounting Horizons, 8*(4), 43-51.

Pesaran, H. H., & Shin, Y. (1998). Generalized impulse response analysis in linear multivariate models. *Economics Letters 58*(1), 17-29.

Peterson, R. A., & Jeong, J. (2010). Exploring the impact of advertising and R&D expenditures on corporate brand value and firm-level financial performance. *Journal of the Academy* of *Marketing Science*, *38*(6), 677-690.

Petty, R. E., Cacioppo, J. T., & Schumann, D. (1983). Central and peripheral routes to advertising effectiveness: The moderating role of involvement. *Journal of Consumer Research*, *10*(2), 135-146.

Phan, M. (2011). Do social media enhance consumer's perception and purchase intentions of luxury fashion brands. *The Journal for Decision Makers*, *36*(1), 81-84.

Picconi, M. J. (1977). A reconsideration of the recognition of advertising assets on financial statements. *Journal of Accounting Research*, *15*(2), 317-326.

Raaijmakers, J. G., & Shiffrin, R. M. (1981). Search of associative memory. *Psychological review*, *88*(2), 93.

Ramaswami, S. N., Srivastava, R. K., & Bhargava, M. (2009). Market-based capabilities and financial performance of firms: Insights into marketing's contribution to firm value. *Journal of the Academy of Marketing Science*, *37*(2), 97-116.

Rappaport, A. (1986). *Creating shareholder value: the new standard for business performance*. Free press.

Ratcliff, R., & McKoon, G. (1988). A retrieval theory of priming in memory. *Psychological review*, *95*(3), 385.

Roehm, M. L., & Tybout, A. M. (2006). When will a brand scandal spill over, and how should competitors respond?. *Journal of Marketing Research*, *43*(3), 366-373.

Rust, R. T., & Zahorik, A. J. (1993). Customer satisfaction, customer retention, and market share. *Journal of Retailing*, *69*(2), 193-215.

Rutz, O. J., & Bucklin, B. E. (2011). From generic to branded:

A model of spillover in paid search advertising. *Journal of Marketing Research, 48*(1), 87-102.

Safko, L. (2010). *The social media bible: tactics, tools, and strategies for business success.* John Wiley & Sons.

Shimmerlik, S. M. (1978). Organization theory and memory for prose: A review of the literature. *Review of Educational Research, 48*(1), 103-120.

Sicilia, M., Ruiz, S., & Munuera, J. L. (2005). Effects of interactivity in a web site: The moderating effect of need for cognition. *Journal of Advertising, 34*(3), 31-44.

Sims, C. A. (1980). Macroeconomics and reality. *Econometrica: journal of the Econometric Society,* 1-48.

Smith, A. *(1776). 1986, The Wealth of Nations.* The Essential Adam Smith. New York: WW Norton & Company.

Song, T. H., Kim, S. Y., Kim, H., & Lee, J. W. (2019). Rival-benefiting effect of advertising: Experimental extension and empirical investigation. *International Journal of Advertising, 38*(4), 603-627.

Srivastava, R. K., Shervani, T. A., & Fahey, L. (1998). Market-based assets and shareholder value: A framework for analysis. *The Journal of Marketing, 62*(1), 2-18.

Srull, T. K., & Wyer, R. S. (1989). Person memory and judgment. *Psychological review, 96*(1), 58.

Steenkamp, J. -B. E. M., Nijs, V. R., Hanssens, D. M., & Dekimpe, M. G. (2005). Competitive reactions to advertising and promotion attacks. *Marketing science, 24*(1), 35-54.

Steuer, J. (1992). Defining virtual reality: Dimensions determining telepresence. *Journal of Communication, 42*(4), 73-93.

Stocchi, L., Pare, V., Fuller, R., & Wright, M. (2017). The Natural Monopoly effect in brand image associations. Australasian Marketing Journal (AMJ), *25*(4), 309-316.

Taneja, H., & Wu, A. X. (2014). Does the Great Firewall really isolate the Chinese? Integrating access blockage with cultural factors to explain Web user behavior. *The Information Society, 30*(5), 297-309.

Theng So, J., A. Grant Parsons, A., & Yap, S. F. (2013). Corporate branding, emotional attachment, and brand loyalty: the case of luxury fashion branding. *Journal of Fashion Marketing and Management: An International Journal, 17*(4), 403-423.

Tirole, J., & Jean, T. (1988). *The theory of industrial organization.* MIT Press.

Torres, A., & Tribó, J. A. (2011). Customer satisfaction and brand equity. *Journal of Business Research, 64*(10), 1089-1096.

Tulving, E., & Psotka, J. (1971). Retroactive inhibition in free recall: Inaccessibility of information available in the memory store. *Journal of experimental Psychology, 87*(1), 1.

Unnava, H. R., & Burnkrant, R. E. (1991). Effects of repeating varied ad executions on brand name memory. *Journal of Marketing Research, 28*(4), 406-416.

Whitelock, J., Cadogan, J. W., Okazaki, S., & Taylor, C. R. (2013). Social media and international advertising: Theoretical challenges and future directions. *International Marketing Review.*

Wosinska, M. (2005). Direct-to-consumer advertising and drug therapy compliance. *Journal of Marketing Research, 42*(3), 323-

332.

Ye, J., & Finn, M. (1999). Nonlinear and nonparametric accounting-based equity valuation models. *Documento de Trabajo de Baruch College*.

Yeung, M. C., Ging, L. C., & Ennew, C. T. (2002). Customer satisfaction and profitability: A reappraisal of the nature of the relationship. *Journal of Targeting, Measurement and Analysis for Marketing, 11*(1), 24-33.

Yi, Y. (1990). A critical review of consumer satisfaction. *Review of marketing, 4*(1), 68-123.

Yim, J. (2010). Two top-tier Korean gin brands target different regional markets. *The Munhwa Ilbo*, July 2. http://www.munhwa.com/news/view.html?no=20100621010718241830020.

Yu, L., Asur, S., & Huberman, B. A. (2011). *What trends in Chinese social media*. arXiv preprint arXiv:1107.3522.

Zeithaml, V. A., Berry, L. L., & Parasuraman, A. (1993). The nature and determinants of customer expectations of service. *Journal of the academy of Marketing Science, 21*(1), 1-12.

인명

내용

찾아보기

저자 소개

김상용(Kim, Sang Yong)

서울대학교 인문대학 서양사학과를 졸업하고, 미국 Carnegie Mellon University에서 MSIA 학위를, Duke University에서 경영학 박사학위(Ph.D.)를 취득하였다. 한림대학교와 KAIST 교수를 거쳐, 2001년부터 현재까지 고려대학교 경영학과 교수로 재직 중이다. 고려대학교에서는 기업경영연구원 부원장, 경영전문대학원 부원장, 대외협력처장, 경영전문대학원 AMP 주임교수, 출판문화원장을 역임하였고, 석탑강의상을 10여 차례 수상하였다.

『Asia Marketing Journal』의 초대 편집위원장(2012, 2013), 서비스마케팅학회 회장(2015), 한국마케팅학회 회장(2017, 2018), 한국소비자학회 회장(2019)을 역임하였다. 『중앙일보』로부터 학술공헌상(2017. 6.), American Marketing Association Conference에서 Best Paper Award(2017. 8.), The 5th Academy of Asian Business International Conference에서 Best Educator Award(2019. 8.)를 수상하였다.

저서로는 『비즈니스 애널리틱스를 위한 마케팅조사』, 『하루만에 배우는 경영학: 마케팅입문편』, 『마케팅 키워드 101』, 『경영학 키워드 101』, 『고객지향적 유통관리』, 『인터넷 마케팅』 등 10여 권이 있으며, 국내·외 전문학술지에 80여 편의 논문을 게재하였다.

2012년 봄, 여름 두 시즌 동안 KBS1라디오에서 〈3분 라디오 MBA〉를 매일 진행했고, 2016년 5~6월에는 KBS1TV 생방송 〈아침마당〉에서 흥미로운 마케팅 강연을 6회 하였다.

차경천(Cha, Kyoung Cheon)

KAIST에서 경영공학 박사학위를 받았고, 현재 동아대학교 경영학과 교수로 재직 중이다. 한국마케팅학회 부회장을 역임하였으며, 수요예측 전문 벤처기업을 3년간 운영한 바 있다. 『Telecommunications Policy』, 『International Journal of Forecasting』, 『Journal of Business Research』, 『Asia-Pacific Journal of Marketing and Logistics』를 포함한 국내·외 전문학술지에 논문을 게재하였고,

한국마케팅학회 최우수논문상(2010)과 우수논문상(2011)을 수상하였으며, 한국마케팅학회의 학술지 『마케팅연구』의 편집위원장을 맡았다. 저서로는 『예측의 힘』 『기초 통계적 연구방법론』 『분석적 마케팅 조사론』 『R과 파이썬을 활용한 논문연구법』이 있다.

스포츠 기록, 전자제품 수요, 네트워크 사업 매출, 피자, 커피, 위스키, 외식업, 핸드폰, 보험 신규계약 건수, 핸드폰 통화량, 전자소자, 인터넷 쇼핑몰, 영화관 매출과 위치 선정, 핸드폰 위치 정보 분석, 관광실태 조사, 주유소 위치 선정, TV display panel size, 직무만족도, Big Data 자문 등과 관련한 다양한 예측 문제를 해결해 왔다.

송태호(Song, Tae Ho)

KAIST에서 전산학을 전공한 후 IT 기업을 잘 운영하기 위해 경영학과 마케팅에 많은 관심을 가져 왔다. 고려대학교에서 경영학 석사학위(MS)와 박사학위(Ph. D.)를 취득한 후 미국 UCLA Anderson School of Management에서 박사후과정(Post Doc.)을 거쳐 2012년부터 현재까지 부산대학교 경영대학에서 교수로 재직 중이다. 부산대학교에서는 중국연구소 소장, 경영연구원 부원장, 미래경영학 전공 책임교수, 국제화위원회 위원, 경영학과 마케팅 전공 운영교수 등을 역임하였고, 현재 경영대학원 부원장으로 있다. 한국마케팅학회 우수논문상(2009), CRM연구대상(2013), 미국마케팅학회(AMA) 학술대회 최우수논문상(2017), 부산대학교 젊은교육자상(2018), 한국경영학회 우수심사자상(2019), 한국경영학회 우수논문상(2020)을 수상하였다.

『Journal of China Studies (KCI)』 편집위원장을 포함하여, 경영과 마케팅 분야 유명 학술지인 마케팅연구, 경영학연구, 소비문화연구 등 다양한 전문학술지의 편집위원과 학회 임원으로 참여하고 있으며, 『Journal of Business Research』 『International Journal of Advertising』을 포함한 국내·외 유수학술지에 연구논문을 게재하는 등 왕성한 학술활동을 하고 있다. 저서로는 『비즈니스 애널리틱스를 위한 마케팅조사: R과 Python을 활용한 빅데이터 분석 기초』 『Customer Analytics, 고객가치와 애널리틱스』가 있다.

김다연(Kim, Da Yeon)

전남대학교 미술교육과와 경영학부를 졸업하고, 홍익대학교 대학원 문화예술경영학과에서 경영학 전공으로 석사학위를 취득하였다. 문화체육관광부 산하 재단법인 예술경영지원센터에서 정책사업기획자로 1년간 재직하였으며, 한국문화관광연구원(KCTI)에서 연구원으로 3년간 재직하였다. 현재는 고려대학교 대학원에서 경영학 Ph.D. candidate (ABD)로서, 경영학과 학부강사로서 '마케팅원론' 과목을 담당하고 있다.

전문학술지『Asia Marketing Journal』『소비자학연구』등에 논문을 게재하였고, 주된 연구 관심분야는 공유경제와 구독경제, 문화예술산업, 소셜미디어 마케팅 등이며, customer value 등의 이슈에 대해 시장조사, 비정형 데이터 분석 등을 포함한 계량적 모델링 방법으로 연구를 진행하고 있다.

학지컴인사이트총서 004

광고의 예상을 빗나간 마케팅효과
Unexpected Marketing-Effects of Advertising

2021년 8월 10일 1판 1쇄 인쇄
2021년 8월 20일 1판 1쇄 발행

지은이 • 김상용 · 차경천 · 송태호 · 김다연
펴낸이 • 김진환
펴낸곳 • ㈜**학지사**

         04031 서울특별시 마포구 양화로 15길 20 마인드월드빌딩
대표전화 • 02-330-5114   팩스 • 02-324-2345
등록번호 • 제313-2006-000265호

홈페이지 • http://www.hakjisa.co.kr
페이스북 • https://www.facebook.com/hakjisabook

ISBN 978-89-997-2453-4　03320

정가 12,000원

출판 · 교육 · 미디어기업 학지사

간호보건의학출판 **학지사메디컬** www.hakjisamd.co.kr
심리검사연구소 **인싸이트** www.inpsyt.co.kr
학술논문서비스 **뉴논문** www.newnonmun.com
교육연수원 **카운피아** www.counpia.com